留痕歲月守初心

李和協　著

太平書局

責任編輯　韓心雨

裝幀設計　麥梓淇

責任校對　趙會明

排　　版　肖　霞

印　　務　龍寶祺

留痕歲月守初心

作　　者　李和協

出　　版　太平書局

　　　　　香港筲箕灣耀興道 3 號東滙廣場 8 樓

發　　行　香港聯合書刊物流有限公司

　　　　　香港新界荃灣德士古道 220-248 號荃灣工業中心 16 樓

印　　刷　美雅印刷製本有限公司

　　　　　九龍觀塘榮業街 6 號海濱工業大廈 4 樓 A 室

版　　次　2023 年 5 月第 1 版第 1 次印刷

　　　　　© 2023 太平書局

　　　　　ISBN 978 962 32 9368 6

　　　　　Printed in Hong Kong

序 言

陳昊蘇

　　在慶祝中國共產黨建黨一百週年的時候，我收到李和協同志寄來他的文章彙編書稿《留痕歲月守初心》，希望我寫一個介紹性的序言。我抽時間翻閱書稿，回憶起上個世紀九十年代初期與他在對外友協合作共事的情景，感到很欣慰。

　　我是 1990 年春開始到對外友協任職，跟李和協有了工作上的接觸。他是一個很勤奮、愛動腦筋的幹部，在民間外交的崗位上已經工作了十年之久。他參與了友好城市創建初期的許多活動，特別在對美對日的民間合作上有很深的介入，這本書稿中有相當一部分文章就是寫於這個時期。1992 年他被調到新華社香港分社，參與籌備「一國兩制」在香港的實施，為香港回歸作了很多貢獻。當時負責香港工作領導責任的周南同志對他的表現相當滿意，曾為他題字「乾坤萬里眼，時序百年心」。香港回歸之後，李和協仍留在香港為祖國的發展統一事業效力，工作側重點轉向對台交流、慈善、扶貧及社會服務等方面，又寫出一些內容充實、充滿進取精神的文章。在與他分別近三十年之後，看到他寫的這部書稿，我很高興，謹表示由衷的讚美。

　　書稿中收有一篇《阿瑟・施萊辛格的中國日記》，頗值得認

真研讀。施萊辛格曾於 15 歲（1933 年）隨父親來中國旅行。到 69 歲（1987 年）又應對外友協的邀請訪問中國。他曾在肯尼迪總統時代擔任過總統特別助理，是美國政壇上的元老級人物。他把兩次中國旅行寫的日記按遊覽地點進行對照式的編排，在美國《旅行家》雜誌發表，並贈送了一本給李和協。李和協將這篇對比日記翻譯成中文在《海外文摘》上刊登。施萊辛格 1933 年的日記反映的是那個年代中國的貧窮與落後。他作為一個外國少年，很冷靜地看待這些苦難，只是把當時的見聞記錄下來。例如，1933 年 10 月 20 日，他們一行在南京浦口乘輪渡過長江，當時行人還要下火車上輪渡，過江後登上另一班火車。施萊辛格寫道：「明天，火車輪渡將投入使用」，到時旅客就不必換車，火車將直接開上輪渡過江。這應該是一則珍貴的史料，記錄了中國鐵路運輸發展史上一個不大不小的進步。在 1987 年的日記裏，施萊辛格寫了到北京、上海、桂林、杭州等地訪問的經歷，對照 1933 年的記錄，可以看出中國取得了巨大的進步。施萊辛格在日記中對中國的社會生活的部分層面持批評的態度，這也沒有錯，因為中國確實還面臨着許多要改進的問題。他提到中國正在開展「反對資產階級自由化的運動」，並說：「我當場宣佈自己是一名資產階級自由派人士。」按日記所述，當時並未引起甚麼爭執，施萊辛格沒有發表過分的批評言辭，而中國方面的人士對反對自由化也作了「淡化」處理。施萊辛格結束中國之行回到紐約後，於當年 10 月寫了一篇帶總結性的日記，說作為一個古老而自豪的民族，中國以自己的方式走向共產主義，「如他們所說的『具有中

國特色的社會主義』。」對此，他沒有表示明確的態度，但他引述了中國一位學者（大概也是自由派人士）的看法，「中國已經在現代化的陣痛中掙扎了兩個世紀，現在仍然不知道往哪兒走。」施萊辛格認為，「重要的是中國恢復了它的身份、自豪感和力量。與 1933 年我作為一名少年去旅行時相比較，中國在 1987 年受外部世界支配的程度大大減少了，也許到二十一世紀時，外部世界將開始受到中國的支配了。」他鄭重地引述馬克·吐溫在二十世紀初期的論斷：「歷史與未來的攜手使中國成為地球上最令人神往、很可能是最為重要的國家。」施萊辛格作為西方政界的元老，他對世界與中國的看法早已定型並且相當固執，一次訪問不可能使他發生觀念上的根本性改變，但是我們從他發表的日記中可以看到他受對外友協的邀請訪問中國，對他關於中國的認知產生了積極的影響。他認識到中國的進步將導致整個世界不可忽視的巨大改變。儘管他對此仍存有偏見，但這種偏見並不一定意味着敵意，無寧説他作為一個資產階級自由派人士也很有可能在今後成為中國更好的朋友。看完這篇由李和協同志譯介的文章，我覺得很生動地表現出對外友協工作的重要意義——為中國特色社會主義在全世界範圍內爭取廣泛的社會同情與國際支持；把中國的朋友圈搞得大大的，從而為中國現代化事業及中華民族的偉大復興貢獻力量。

　　我自己在對外友協的民間外交工作崗位上工作了二十四年之久，對這一事業的初心使命是有所體驗的。為國交友就是為中國解放與振興的事業創造良好的國際環境，支撐國內建設事業取

得更大的成功。以民促官、以經促政、以文促信，還有以地方促中央、以和平促發展等方針，都有重要意義。如今中國現代化事業取得長足進展，我們的朋友遍及全世界，然而在許多國家還存在頑固的反華勢力，我們的交友工作時刻不能放鬆，對外友協從事的民間外交工作將有更加廣闊的天地。習近平主席關於「一帶一路」的倡議及推動構建人類命運共同體的理念，指引着整個外交事業，其中自然也包括民間外交戰線，更加奮發有為地做好工作、做出貢獻。李和協同志的書使我有機會重溫民間外交工作的初心和使命，我倍感欣慰，願向他表示敬意和祝福。希望他對初心使命的堅守能獲得讀者朋友們的肯定，取得很好的成功。

　　周南同志給李和協同志的題詞很有見地，我引申其意，寫詩贈李和協同志，祝他的書順利出版，取得成功！

　　詩云：

　　　　百年擔使命，萬里仰初心。

　　　　友誼傳天下，中華偉業親。

2021 年 7 月 18 日

自 序

　　經過一段時間的籌備,《留痕歲月守初心》終於付印出版。首先説明一下,本人並不專於寫作,書中的文字,多與工作經歷有關,有感而發。從 1983 年 1 月在《人物》月刊發表的馮玉祥與美國醫生羅根的交往故事,到 2022 年 9 月香港《紫荊雜誌》刊登本人的一篇有關太平洋島國的文章,跨度近四十年。除了少量是對本人的採訪或工作報道外,其餘均為在內地或香港發表的文章,以及會議發言或譯作。文中有的照片是此次增補的。這次結集發表,也是為几十年的工作經歷留下一點記憶,或許還能展示社會發展的某個側面。

　　本人出生於福建南安,雖地處鄉村,不過就讀的中、小學系由著名新加坡僑領李光前先生早年在家鄉所創辦,相比於城市裏的學校,其設備與師資并不遜色。1964 年考入的廈門大學,則是由李光前岳父陳嘉庚先生所創辦,也長期受到新加坡「李氏基金」的支持。2021 年,廈門大學舉辦了百週年校慶活動,是一所校名從未「變遷」過的大學。

　　1966 年初夏「文革」爆發,開始了「史無前例」的十年,正常教學戛然而止。這場浩劫不但將國民經濟拖到崩潰的邊緣,也影響甚至改變了億萬大、中、小學生的人生軌跡。相對來說,本人算是幸運的。1970 年廈大 64、65 級畢業生全國統一分配時,

我與外文系 64 級另外三位同學，與外交部從全國十多所重點大學「挑選」的 200 多位外語畢業生一起，先到唐山柏各莊軍隊農場鍛鍊一年，再到北京外國語學院集中進修一年。實習階段，又被安排到上海吳淞水警區，為非洲海軍學員班的教官當了三個月的課堂翻譯。再次分配工作時，已經是 1973 年 2 月，作為經過「回爐」[1] 進修的最後一批文革前入學畢業生，據說當時很受各部委歡迎。本人被分配到外交部，報到後即被通知，要到剛建館的駐日本使館工作。

本人三十年的外事生涯，大致可分為三個階段：中日建交初期的七十年代，在中國駐日本使館工作，屬於官方外交；中美建交初期的八十年代，在中國人民對外友好協會，主要參與對美民間外交工作；在香港即將回歸祖國的九十年代，於 1992 年調到新華社香港分社[2] 外事部，參與中國政府收回香港及政權交接籌備工作，又回到政府外交。能在重要歷史階段，參與對日、美、英三個最主要西方大國的外事交往，見證歷史，是本人的榮幸。

「外交工作，授權有限」，是周恩來總理對兼任外交部長的陳毅副總理的囑咐。陳老總嚴格執行，並在授權範圍內發揮個人才華，成為聞名中外的外交家，周總理的這句話也成為外事工作的

1　當時傳達的說法是，周恩來總理對我們這批文革前入學的畢業生很重視並寄予期望，不過因學業受「文革運動」影響，到農場鍛鍊後，還應安排「回爐」，進修外語及外交知識，然後再分配工作。

2　「新華通訊社香港分社」是香港回歸之前中央政府駐港機構名稱，1947 年 5 月在香港設立。2000 年 1 月，新華通訊社香港分社正式更名為「中央人民政府駐香港特別行政區聯絡辦公室」，簡稱「中聯辦」。

基本準則。不僅如此，多做少說，或只做不說，也是對外工作必備的素質。這並不是說沒有個人發揮的餘地，只要不偏離大政方針，還是可以大有作為，尤其在交朋友方面，待人以誠，講究方法，使對方多了解中國歷史、文化與國情，以及制定政策的背景，往往能取得較好效果。許多人訪華後繼續與我們保持聯絡，成為對華友好人士。

幾十年的「體制內」工作，雖然不能說都是一帆風順，不過只要不攀比、不計較，就沒有甚麼不能釋懷的。說到級別待遇，有兩位領導值得一提。首任駐日本大使陳楚，是 1938 年入黨的老革命，曾參與組建外交部，多次擔任司長，是我國首任駐日本大使、第二任常駐聯合國代表，這兩個職務現在都是副部級，而當時仍是司局級。直到他後來轉任國務院副秘書長，才解決了「副部」問題；另一位是 1941 年入黨、在延安時期就參與外交事務的林則徐第五世孫凌青（原名林墨卿），他接替陳楚出任第三任常駐聯合國代表，後到對外友協擔任副會長，也是在出任福建省政協副主席後才解決的「副部」待遇。這些都是後來我去探望二位老領導時，在閒談中得知的，印象頗深。現在多個駐外大使職位已是副部級，新一代外交官的上升通道與過去已大不一樣。

感謝在香港工作期間老領導、原新華社香港分社周南社長 2001 年給我的題字，老社長的鼓勵之辭將永遠銘記在心。尤其是周社長以 95 歲高齡，還欣然為本書題寫了書名，感激之情無以言表。本人退休後雖轉入民間機構，家國情懷、服務社會初衷未曾改變，無論是在協助發展集團業務、配合開展島國交往，或

是推動基金會項目、提升企業形象等方面，均盡力為之，亦頗受肯定。尤其在前幾年，經常代表基金會前往邊遠山區考察產業項目，為扶貧攻堅事業略盡綿力，個人也在社會服務中充實了人生。

感謝全國對外友協老領導陳昊蘇會長多年來對我的關心、鼓勵與支持，並為此書作序。雖然我們在友協工作交叉時間不長，但是他給我留下很深的印象。1990 年 7 月，我陪同昊蘇副會長去山西，參加華北五省外事工作座談會，當時按慣例是要給領導準備一份發言稿的，他卻無此要求。他不但能按會議主題作恰當的發言，還應邀講解國際形勢，甚至在參觀訪問中對一些古跡的歷史也能娓娓道來，加以解說，完全沒有當過副部長的「派頭」，很受大家歡迎。後來這些年，有機會我也會向他請教。2016 年我到北京出差時去看望他，他送給我厚厚兩本《陳昊蘇詩集：時空的跨越》。從中我才發現，那次出差一週期間，他還寫了八首詩，以「山西紀遊」為題收入詩集。昊蘇同志的勤奮、人品與才華，令人敬佩。不僅在詩詞方面，可以說作為長子的陳昊蘇，也繼承了陳毅元帥的外交事業與風格，一位是擔任副總理兼外交部長十多年的著名外交家，另一位是在對外友協領導崗位上，勤奮耕耘超過二十年的「民間」外交家。

藉此機會，還要對我的家人、親朋及好友，以及不同時期的同事和領導多年來的支持、關心和愛護表示由衷的感謝。

2022 年 10 月

目錄

第二章　紀念香港回歸二十五週年

（新華社香港分社 1992-1999）

第三章　兩岸情與故土情

第四章　在社會服務中充實人生

第五章　國際會議發言選

第六章　歲月留痕

第 一 章

使館工作與民間外交

（1973-1992）

從一張照片回看八十年代中美關係

我們希望，中美這兩個世界最大的經濟體，雙邊關係即使回不到八十年代，也應當做到不衝突、不對抗，相互尊重、相向而行，為人類的和平與進步做出應有的貢獻，相信這也是中美兩國人民的共同願望。

五位大使的「同框」照片

1978 年 11 月，筆者從駐日使館完成五年半的任期回到北京。在分配新的工作時，外交部幹部司南文錦處長提出兩個去向供選擇，一是到領事司，我曾在使館領事部工作；二是到當時部屬的中國人民對外友好協會。他特別強調，中美即將建交，對美民間外交要大力加強，以配合官方關係的發展。南還說，也就是去一段時間，以後仍要準備再到使館工作。我當即表示願意去對外友協工作。不過，後來部里要調我回去時，當時的主管領導就不放行了。從美國處科員到處長，在對美民間外交崗位上做了將近十年。

　　上面這張照片是 1987 年 6 月 17 日筆者拍攝的，時隔三十四年後，今天首次刊發。當時對外友協會長章文晉在北海仿膳飯莊設宴歡迎由民主黨元老帕梅拉‧哈里曼夫人率領的美國民主黨訪華團。不過，在這張照片中的美方客人只有哈里曼夫人（後排左三）和隨行的時任美助理國務卿霍爾布魯克（後排右一），其餘的均是當時中美外交界的中方知名人物。他們是：首任中國駐美聯絡處主任黃鎮（後排右三）和夫人朱霖（前排右二），第二任駐美聯絡處主任、也是首任中國駐美大使柴澤民（後排左二）和夫人李友鋒（前排左二），第二任駐美大使、時任對外友協會長章文晉（後排左一），時任（第三任）駐美大使韓敍（後排右二）和夫人葛綺雲（前排右一），以及先後在聯絡處和使館任過參贊、公使的時任駐斐濟大使冀朝鑄（前排左一）。筆者時任美國處處

長，負責安排並陪同該團活動。當時的駐美大使韓敍正好也在國
內，前後四任駐美大使為一美國訪華團齊首共聚，這也從一個側
面反映出當時的中美關係比較順暢。躬逢其盛，筆者覺得應將其
記錄下來，這應當是五位大使唯一的「同框」照片。當時美方訪
華團裏還有幾位重要人士，包括曾擔任過肯尼迪總統特別助理的
著名歷史學家阿瑟・施萊辛格，後來擔任克林頓總統國家安全
顧問的華盛頓律師桑迪・伯格，以及著名學者哈里・哈丁（何漢
理）等。在姚依林副總理會見代表團時，美駐華大使洛德和夫人
包柏漪也應邀參加。

姚依林副總理與哈里曼夫人親切握手（中間為筆者）

姚依林副總理會見美民主黨訪華團一行（前排右起：桑迪・伯格，阿瑟・施萊辛格，包柏漪，洛德大使，姚依林副總理，哈里曼夫人，章文晉會長，霍爾布魯克，施萊辛格夫人。後排右一李和協，右三哈里・哈丁）

中美民間外交的高峯期

可以説，一九八〇年代是中美關係在各個領域都取得顯著發展的時期。在官方關係方面，1982 年中美簽署了「8.17 公報」，連同「上海公報」和「中美建交公報」，三個聯合公報成為中美關係發展的指導性文件。期間，中國國務院總理和國家主席先後與美國里根總統和布什總統實現了互訪。在民間外交方面，雖然在尼克松訪華後已開始有一些人員來往，但是與中美建交後的情況不能相比。這是由於中美建交與中國改革開放在時間上同步，雙方都有了解對方的迫切願望，這使得從 1979 到 1989 的十年，成為中美關係尤其是民間外交的高峯期。

首先是交往的廣度和深度有較大發展。美國各界友好人士為迎接中美恢復邦交成立的美中友好協會，在建交後有了較大發展，全美已經發展到幾十個分會，成為重要的對口交流團體。記得 1979 年我們接待了一個由美中友協積極分子組成的學習訪問團，由陽和平[3] 帶領，先到北京大興縣紅星公社，與社員同吃同住同勞動「三同」一個月，再到石家莊國棉一廠勞動實踐半個月，團員包括大學裏的社會學教授，這是前所未有的安排。1981 年底，我和同事姚進榮[4] 應美中友協邀請，作為對外友協代表首次到美國南部各州進行了為期三個月比較深入的社會考察，住在美國朋友家裏，受到從政府到民間機構的熱情歡迎，參訪了市政廳、警署、監獄、學校、教會、單親家庭等，當地報刊跟蹤報道。這樣的考察在八十年代進行了多次。

當時來訪者中不乏首次來華的知名人士。美國著名小提琴家艾薩克·斯特恩的訪華之旅，成為當年的文化盛事。隨訪的攝影隊所製作的長達 1.5 小時的紀錄片《從毛澤東到莫扎特 — 斯特恩在中國》在中美兩國轟動一時，至今還能在網絡視頻上看到該紀錄片。

美國海軍上將海曼·里科夫訪華也值得一提。被稱為「核海軍之父」的里科夫長期擔任美海軍核動力局局長和核反應堆部主

3　陽和平（Fred Engst）：1952 年出生於北京並在中國長大。其父母為四十年代來華的著名國際友人陽早與寒春。陽和平 1974 年回美國工作和讀書，並經常來往於中美兩國及在中國任教。

4　姚進榮：原對外友協幹部，1983 年調入中國國際信託投資公司，任董事長榮毅仁秘書，後出任中信集團副總經理。

任，在海軍服役六十三年，是服役時間最長的軍人，1982 年退役後，當年 12 月即以民間身份訪華，受到中共中央總書記胡耀邦的接見。在上海除會見汪道涵市長外，還安排訪問東海艦隊，受到艦艇編隊掛旗歡迎並上艦參觀交流。老將軍很是滿意，臨時同意會見即將訪美的秦山核電站專家，提出指導意見。

　　來華朋友中，不乏有因歷史或宗教等原因，與中國有深厚個人或家族淵源的人士。其中包括著名基督教福音派布道家葛培理和夫人魯絲。魯絲出生於江蘇淮安，父親是當地美國教會醫院院長，17 歲返美國讀書，23 歲與葛培理結婚。由於這個原因，魯絲自稱是淮安的女兒，葛培理則自稱是「中國女婿」，一生與中國結緣，八十年代曾兩次訪問中國。1981 年 12 月，筆者與同事姚進榮在美國考察期間，曾在美中友協朋友陪同下，應邀前往葛培理夫婦位於北卡羅來納州的山中住宅探訪。

　　另一位叫特雷西‧羅根（又名羅天喜）的朋友，在紀念馮玉祥將軍誕生一百週年時帶家人來訪。其父母於上世紀初受教會派遣，到湖南常德創辦廣德醫院，羅天喜就是在那裏出生的。當時馮玉祥部隊駐在常德，雙方關係很好。可是有一天，當老羅根（又名羅感恩）在給馮將軍患有精神病的親戚看病時，該病人摸出一把手槍，把他打死了！當時羅天喜正在廬山上學。眼看差點釀成外交事件，羅夫人卻認為這是意外，先生是以身殉職，對此事既不追究，也拒收馮將軍的賠償。這使得馮將軍十分感動，在軍中設「思羅堂」作為懷念。幾十年後，年逾古稀的羅天喜帶領兩位女兒訪華，筆者陪他們到常德訪問。在北京，馮玉祥的大女

兒馮弗伐到酒店看望羅天喜父女。馮將軍二女兒、醫學博士馮理達和先生、經濟學家羅元錚則在家中款待他們父女，分享家庭照片並給他們看馮將軍當年的遺囑。一場意外卻成就了中美兩個家庭三代人的情誼，傳為美談。

可以看出，隨着中美建交和中國改革開放而來的民間交往不但數量多，故事也很感人。至於像史迪威將軍的女兒史文森和史文思姐妹、美國第14航空隊司令陳納德將軍的遺孀陳香梅女士，以及由美國「飛虎隊」老飛行員組成的「駝峯協會」等組織和人士，在八十年代及以後多次來華，受到熱情款待，更是見證了二戰期間中美兩國作為盟國的那段歷史，以及中國人民愛憎分明、不忘老朋友的優良傳統。

友城計劃有力配合國家改革開放

在兩國交流項目中，自1979年開始實施的建立友好省州和友好城市計劃，在促進兩國地方政府經濟、文化及民間友好交流，以及改善兩國關係氣氛方面，發揮了重要作用。從1979年10月湖北省與俄亥俄州結為友好省州，到1989年的十年間，兩國間結成友好省州和友好城市65對。當時我國仍處於改革開放初期，地方省市對外交往渠道比較少，大部分地方領導同志沒有出過國，對外面情況不夠了解。友城項目的開展有力地配合了國家改革開放政策，為各省市提供了了解國外情況的難得機遇，帶

動了經貿、人文聯繫的建立和發展。

　　河北省與艾奧瓦州就是一個典型例子。1983 年 7 月，這兩個農業大省結為友好省州。由於有了這個平台，1985 年 4 月，當時在河北正定縣工作的習近平同志，率石家莊市玉米考察團到艾奧瓦訪問，會見了州長布蘭斯塔德，在小鎮馬斯卡廷的居民家住了兩天，成了當地傳媒的「超級明星」。2012 年 2 月，已是國家副主席的習近平訪美，特地安排重訪艾奧瓦州，與再次就任州長的布蘭斯塔德見面，並在前艾州友好省州委員會委員蘭蒂夫人家裏，與從四面八方趕來的朋友歡聚。當年房東德沃切克夫婦特地從千里之外的佛羅里達趕過來，與習近平共同回憶 27 年前的往事。當時與房東小女兒的問答、臨別時互送甚麼禮物，習近平都能清楚記得。「歡迎您回家！」美國老朋友們淳樸的話語令習近平感動。他動情地說：「真可以說是回家了，二十七年前，馬斯卡廷市授予我們榮譽市民稱號，還贈送每人一把『金鑰匙』。這把鑰匙真的起了作用，中美地方合作的大門開啟後，合作步伐不斷加快。」「這扇大門一經打開，就再也沒有任何力量可以把它們關上了，相反只會越開越大。」曾長期在中國多個地方工作的習近平，對地方合作的巨大潛力和重要作用有着深切的體會。福建省與俄勒岡州、廈門市和巴爾的摩市、浙江省和新澤西州、上海市和舊金山及加州，均分別結好。他的工作經歷，正好也勾勒出一道中美地方合作的軌跡。

　　從以上可以清楚看到，八十年代，即中美建交後前十年，合作共贏是兩國關係的主軸，雙方從中得到實實在在的利益。即使

在今天，兩國關係因政治因素的干擾發生困難，美方單方面提高關稅，但是兩國貿易額仍然有所增長，遠超中國與任何單一國家的貿易額。這說明兩國經濟互補性強，依存度大。正如習近平在重訪艾奧瓦時對美國朋友所說的，中美合作的大門一經打開，就再也沒有任何力量可以把它們關上了。我們希望，中美這兩個世界最大的經濟體，雙邊關係即使回不到八十年代，也應當做到不衝突、不對抗，相互尊重、相向而行，為人類的和平與進步做出應有的貢獻，相信這也是中美兩國人民的共同願望。

（原載《紫荊》雜誌 2021 年 9 月號）

馮玉祥將軍與美國醫生羅根

　　在去年紀念著名愛國將領馮玉祥將軍誕生一百週年前不久，中國人民對外友好協會邀請了馮將軍當年的美國朋友羅根（又名羅感恩）大夫之子特雷西・羅根（又名羅天喜）和他的兩位女兒訪問我國。

1982 年 5 月 16 日，特雷西・羅根（前左）與兩位女兒和馮理達、羅元錚夫婦合影

二十世紀初，羅根醫生與夫人珍妮在湖南常德行醫期間的合影

馮將軍與羅根一家友誼的建立應該追溯到本世紀十年代。1916年前後，馮玉祥將軍率部駐湖南常德約兩年，其間他為當地百姓做了不少好事。當時在常德住有一些外國人，主要是日本商人和歐美的傳教士、醫生。馮將軍對一些不法外商和傳教士的惡行從不輕易寬恕，而對於像羅根大夫那樣友好的外國人則待之以禮，相敬如賓。羅根大夫的醫術頗為高明，但馮將軍更欣賞羅根夫婦的為人，其樸實厚道的性格和對中國人民平等相待的作風，這在當時的外國人中是很難得的。據地方有關資料記載，羅根醫生注重醫德，他所主持的廣德醫院（現地區人民醫院的前身）對貧窮的病人經常能減免收費。因此，羅根夫婦在當地很有些名氣。

然而，就在這期間，發生了一件使馮將軍終生難忘的事。一天，馮先生家裏來了一位患有精神病的親戚，請羅根大夫前往治療。當他診視完畢，在教病人做醫療體操時，這位患者突然摸出一把手槍，對着羅根大夫和馮先生舉槍便射，馮先生幸未被擊中要害，但羅根大夫頭部中彈，不治身亡。事情發生后，社會上曾為之不安，以為會引起國際糾紛，事實上當時美國駐長沙總領事確曾前往調查，主張加以追究，要求賠償等。但令人敬佩的是，羅根夫人在無限悲痛之際，對這一事件卻能十分理智地加以處理，她認為無論從哪個角度看，那瘋子都不是故意殺人，因此無需追究，也不必賠償，要求美國領事不要干預此事。不僅如此，她還接下丈夫的工作，接連幾個星期照樣為這名患者治病。羅根夫人的行動深深感動了馮將軍，為表心意，便籌集了八千美元，用以資助羅根夫婦在美長子的學業，但羅根夫人及其長子決意不

受，一再表示羅根大夫之死是以身殉職，無需甚麼酬答，如收下這筆款子，已故之人必定會十分不安。後來，馮將軍就用這筆款子建造了一座活動禮堂，取名「思羅堂」，可以拆遷隨部隊轉移，作為開會講課之用。同時，又在羅根大夫主持的醫院前立碑，表達對這位美國朋友的敬重與懷念。

六十多年過去了，中國發生了翻天覆地的變化。儘管羅根大夫的孩子們現在也都已是白髮銀鬢的老人，但仍念念不忘與馮將軍和中國人民的友情。尤其是在常德出生的老二羅天喜，作為羅根一家與馮將軍友誼的見證人，多年來的最大宿願就是帶領兒女前來中國，尋憶昔日情誼，並參謁先父陵墓。這次，他終於以七十六歲高齡帶着兩位女兒飛越太平洋，踏上他出生並成長過的土地。

馮將軍的大女兒、北京市政協委員馮弗伐，早已從在美國的弟弟馮洪志那裏得知羅天喜父女的來訪，雖然他們從未見過面，但父輩間的真摯友情使他們一見如故。馮弗伐到旅館看望時，緊緊握住羅天喜的手說：「羅根大夫出事時我年歲還小，後來常聽父母說起。你父母親的高尚品德，我們都很受教育和感動。今天你帶孩子們來中國訪問，說明你們與父輩們一樣珍視我們兩家和兩國人民的傳統友誼。」馮將軍的另一位女兒，醫學博士馮理達和女婿、經濟學家羅元錚親切邀請羅天喜父女到家裏，按照美國人民待客的習慣，帶領他們參觀各個房間，向他們介紹了馮將軍的許多生平照片，給他們看珍藏了幾十年的馮玉祥將軍的親筆遺囑和給羅元錚的贈言。羅天喜凝視着馮將軍的照片，陷入了深情

的回憶:「我從小在常德就很景仰馮先生,知道他是一位了不起的人物。他把我們一家當成中國人民的好朋友,以誠相待。記得有一年夏天,我們到德山的一所中學度假,馮先生前來做客,説話十分和藹,毫無架子,臨走時還囑咐我們最好不要上山打獵,以免槍聲引起軍隊的誤會。父親欣然接受馮先生的勸告。可見當時他們的關係是很真摯和坦然的。」羅根大夫出事時,羅天喜正在江西廬山上學,接到電報后趕回常德治喪,隨即跟隨母親離開常德到浙江,投奔也是當醫生的舅舅,不久後回美國上學。羅天喜於美國經濟大蕭條的 1931 年返回中國,到上海謀生並結了婚,直至 1937 年抗戰開始後才和他的夫人一道返美。四十年代後期,當馮玉祥將軍在美國為反對蔣介石的黑暗統治,為民主中國的誕生而奔走呼號時,羅天喜曾在紐約與馮先生見過面。當時,馮將軍呼籲美國不要再支持獨裁政權,號召美國人民「做中國良朋」,特雷西聽了,從心底裏表示贊成。

　　中國的偉大變化,令在中國出生的羅天喜長女、作家瑪格麗特無限感慨:「我爸爸是新舊中國變化的最好見證人,同時也是中美兩國人民傳統友誼的見證人。通過這次訪問,可以説我們大家又都成了兩國人民要求發展平等友好關係的見證人,如果我祖父和馮將軍地下有知的話,一定會感到寬慰的。」

　　　　　　　　　　　　　　　(原載《人物》期刊 1983 年第 1 期)

阿甫夏洛穆夫與中國音樂

　　北京國際機場到達廳，一位鶴髮童顏、學者風度的外國人一邊整理行李，一邊對前來迎接他的筆者說，「我有些激動，並有點緊張，一會兒見到姜先生時該怎樣稱呼他？論輩分，我應叫他叔叔。」

　　說話人叫雅各・阿甫夏洛穆夫，是中國現代音樂史上頗有名氣的已故俄裔美國作曲家阿隆・阿甫夏洛穆夫的兒子，在外面等候的長者是著名學者、中國大百科全書總編輯姜椿芳。阿隆・阿甫夏洛穆夫三十年代在中國當作曲家、導演和樂隊指揮時，姜先生是他的親密朋友和支持者。

阿隆・阿甫夏洛穆夫　　　　　雅各・阿甫夏洛穆夫

中國音樂的熱情宣導者

　　阿隆・阿甫夏洛穆夫 1894 年生於俄國遠東烏蘇里斯克，該城市的中國名字叫雙城子，直到十九世紀中葉還是中國領土。在當地居民的影響下，阿隆從小就愛上中國的京劇和民歌。1910年，從事漁業經營的父親將他送到瑞士學醫，而他卻去蘇黎世音樂學院專攻音樂。第一次世界大戰爆發後，阿隆離開歐洲，路經中國轉赴美國。在美居住一段時間並結婚後，攜妻來到中國，居住在海濱城市青島，從此將畢生的精力傾注於研究和發展中國的民族音樂。

　　阿隆・阿甫夏洛穆夫認為，要使中國音樂既體現現代風格，又保持民族特色，必須具備兩點：在創作方面，應立足於民族題材，並結合歐洲的作曲技巧；在演奏方面，除中國民族樂器外，應大膽運用現代樂器。對於一個外國人來說，要實踐這一設想是需要相當勇氣的。在當時的中國，只有創作西洋樂曲才是時尚的，而阿隆的這一創作道路在現實中也是難以謀生的。但是這些困難並沒有動搖他的信念。為了生活他幹過多種工作，在北京飯店的法國書店裏賣過書，甚至還在一家屠宰場裏幹過體力活。

　　功夫不負有心人，阿隆的努力開始有了成果。他利用到農村收購出口畜產品的機會進行採風，收集當地民歌。在城市，他研究民間傳說和戲劇。他的第一部音樂劇《觀音》終於在 1925 年上演。

　　三十年代初期，阿隆移居上海，不久后出任上海工部局樂隊

指揮。他的音樂造詣和待人處世品格不脛而走，使他很快地結識了聶耳、冼星海、賀綠丁、沈之白和任光等中國作曲家。據姜椿芳先生回憶，阿隆是首位為聶耳的《義勇軍進行曲》配器的音樂家。他還鼓勵剛從法國學成歸來的冼星海到中國農村去尋找創作源泉，而不要照搬西方的一套。冼星海後來創作了激奮人心的《黃河大合唱》。

1939 年，上海地下黨派姜椿芳與阿隆聯繫，對他的事業給予盡可能的幫助和支持，從而使阿隆的藝術生涯進入一個新的階段。他與姜椿芳等人發起成立了中國舞劇音樂劇協會，上演了他創作的多部作品。其中阿隆自編自導的音樂劇「孟姜女」曾在上海和南京的舞台上轟動一時。

據姜椿芳回憶，當時阿隆曾計劃離開「孤島」上海，前往蘇北新四軍根據地進行創作和演出，後因日軍加緊「掃盪」而未能如願。

抗戰勝利后，阿隆於 1947 年前往美國，目的是爭取在美上演《孟姜女》。不久後新中國成立，他來信表示要返回中國，但是朝鮮戰爭的爆發使聯繫中斷，從此阿隆滯留美國，1965 年病逝。

與父親的朋友歡聚

阿隆的兒子雅各‧阿甫夏洛穆夫出生於中國青島，在天津和

上海上過學。雅各於三十年代末赴美國深造，之後留在美國。受父親的薰陶和影響，雅各也成為一名作曲家，擔任波特蘭交響樂團指揮長達二十五年。他多年來的夙願就是將父親畢生創作的十幾部音樂作品送回中國，使新中國的音樂愛好者得以了解這些作品。因此，當姜椿芳的一封來信表達了同一願望時，雅各十分激動，這說明中國人民並沒有忘記他的父親。經過一年多的聯繫和準備，雅各作為中國人民對外友好協會的客人，終於回到了他的第二故鄉，與父親當年的同事和朋友們歡聚。

雅各帶來的樂譜除了《孟姜女》外，還有阿隆於 1934 年在杭州西子湖畔創作的一部鋼琴協奏曲，一部從未上演過的歌劇《楊貴妃》，以及多部其他作品。有的作品有錄音資料，為此，我們特地在北京和上海分別舉行了阿隆·阿甫夏洛穆夫作品欣賞會，其中一部名為《北京胡同》的交響詩創作於 1932 年。作者運用現代樂器表現古老胡同裏的各種市井聲響。人們可以從其音樂畫面中體會到磨剪人、理髮匠和賣布小販的吆喝聲，可以辨認出殯儀樂隊裏的胡琴和喇叭聲。作品引起聽者的極大興趣。

雅各的來訪轟動了上海音樂界。阿隆·阿甫夏洛穆夫在上海長達十五年，在這裏有許多朋友和學生。上海交響樂團指揮黃貽鈞和上海電影樂團指揮陳傳熙都曾經在阿隆手下學習和演出過。上海音樂學院教授衛仲樂是阿隆推薦到工部局樂團的第一位胡琴演奏家。現已退休的江聞道和上海歌劇院的袁勵康回憶起 1932 年中國舞劇音樂劇協會克服資金等各種困難支持阿隆演出的情況。當年在《孟姜女》中扮演主角的邱玉昌和曹雪芹夫婦專

程從揚州趕來赴會，深情地回憶起當年的演出。將傳統劇改編成音樂劇，在演技和音樂兩方面難度都很大，通過阿隆的艱苦努力和大家的齊心配合，演出獲得成功。邱、曹二位演員也是在此次演出中認識的，後並在阿隆這位「紅娘」的撮合下結為伉儷。阿隆不但熱愛中國音樂，對中國人民也充滿友愛之情。

　　一幕幕對往事的回憶，深深地打動了雅各・阿甫夏洛穆夫，「父親畢生的工作始終與中國聯繫在一起。回美國后，能夠理解他的人很少。他的晚年寂寞，鬱鬱而終。今天的情景說明，他在中國並沒有被遺忘，他研究中國音樂所花的心血並沒有白費。如果父親地下有知，一定會感到寬慰的。」

友誼必將繼續

　　被昵稱為「小阿甫」的雅各，在父親的影響下對中國題材的音樂也有偏好。早在 1943 年，他就譜寫出交響樂《克服潼關》，取材於唐代大詩人李白的詩作。雅各希望中美兩國音樂工作者能有更多交流和切磋的機會。他說，下一個願望是，將由他擔任指揮的波特蘭交響樂團帶來中國訪問演出。就在雅各訪華后不久，他的兒子大衛，這位阿甫家族中的第三代音樂人也親身訪問了中國，繼續譜寫着中美兩國人民世代友好的新篇章。

（原載《中國建設》1984 年第 1 期）

首富之國的「饑餓問題」

　　去年冬天，號稱世界首富的美國爆發了一場關於國內饑餓問題的爭論。白宮顧問米斯在談及此事時認為，那些到施食處用餐的人是因為這比花錢買食品「更方便些」，引起了一場激烈的爭論。參議員愛德華・肯尼迪針鋒相對，他在花了六天時間走訪許多濟貧食品發放處後宣佈：有足夠的證據表明，饑餓的現象在美國普遍存在，且日益增多，指責米斯把饑民們說成好佔便宜的人。1月9日，專為調查這一問題而成立的總統特別行動小組發表了一份報告，其結論是：儘管在一些地方確實出現饑民，但總的說來還沒有嚴重到需要政府另外為此而花一大筆錢的地步。

　　饑餓現象在美國真相如何？到底有多嚴重？為求得答案，《美國新聞與世界報道》駐各地記者在城鄉採訪了營養學家、社會學者、政府及私人救濟機構人員等，並與經常領取救濟食品的人們交談。從調查中他們發現，饑餓現象在美國不僅存在，而且有蔓延之勢。這主要是指在美國有些人正在陷入或面臨食品短缺和營養不良的窘境。

　　這場饑餓現象帶有兩個顯著特點。一是涉及的地方廣，人數多。儘管經濟開始復甦，但領取食品補助的人卻有增無減。1983年聯邦政府不得不撥出 173 億美元用於食物補助。食品券的發放

額則從 1980 年的 91 億美元增至 1983 年的 120 億美元。僅紐約一市，每天就得向挨餓的老年人和兒童提供 60 萬份飯，此外，每天還有五千人到 75 個施食處就餐，一千人到 85 個救濟處領取食品。底特律的一個教會，1981 年時每星期對外提供二百份飯，而現在已增加到兩千份，由於救濟食品來源不足，去年一年中還把六千人拒之門外。據有關組織統計，在底特律地區受饑餓困擾的窮人多達 90 萬。問題還不僅局限於北方的老工業區，在南部的德克薩斯州，每四人中就有一人是屬於需要領取食物補助的。洛杉磯有 130 萬人生活在貧困線以下，其中有 63 萬人領取食品券，比一年前增加了 10%。

在這場饑餓中，老年人和嬰幼兒受打擊最為嚴重。老年人喪失了勞動力，雖然一般都有固定的社會保險金，但扣除日益高漲的房租和醫療保險費，能用於購買食物的錢每月也就所剩無幾了。在加利福尼亞州，有九千名老年人排隊申請免費送飯到戶，每天還有四千人領不到食物。有的老人因無人照料，行動不便或消息不靈，拿不到應得的救濟。有的無法忍受繁瑣的申請手續，只好忍饑受餓。儘管問題不像其他某些國家那麼嚴重，但許多專家對營養不良給孩子帶來的影響日益擔心。丹佛市某急救中心主任阿麗絲·斯達克說，「雖然我沒有發現有肚子腫脹的小孩，但確實看到一些無精打采、眼神暗淡、頭髮乾枯的孩子。」哈佛大學教授布朗發現，發育不良的兒童比以前增多了。專家們認為，在底特律、芝加哥等城市裏出現的嬰兒死亡率增長的現象與饑餓問題顯然有關。嬰兒死亡的主要原因是體重不足，而體重不足是

由母親營養不良引起的。

　　此外，在新近的外國移民、身心障礙患者和失業者羣體中，問題也比較嚴重。被稱作「新窮人」的失業者在花完救濟金後就沒有別的收入來源了，密執安州的失業率達 11.6%，有 80 萬人的失業補助已經用盡。底特律市長科爾曼·楊説：「許多歷來都有工資收入的家庭現在走投無路，這還是第一次看到。」

　　美國的饑餓現象非今日始，產生原因很多，至於在這場辯論之後，會有多少改善，就不得而知了。

（原載《世界知識》月刊，1984 年 11 月）

紀念馬丁・路德・金

1987 年 1 月 20 日，對外友協舉行集會，隆重紀念美國已故著名黑人牧師馬丁・路德・金博士。

紀念會現場

金牧師的名字對中國人民來說並不陌生，他是五十至六十年代美國民權運動的領袖人物。他在蒙哥馬利市為反對種族隔離和歧視，領導抵制乘坐巴士的鬥爭，並最終取得勝利。他在華盛頓林肯紀念堂前 25 萬人羣眾大會上所發表的題為「我有一個夢」的

動人演說，至今仍然膾炙人口。1968 年 4 月 4 日，金博士在美國慘遭暴徒殺害的消息傳到中國時，中國人民與廣大美國人民分擔着悲痛和惋惜。

筆者 1981 年訪問孟菲斯市時，曾特地前往瞻仰了金牧師遇害的地方 —— 一座簡易旅館的二樓陽台，後又在亞特蘭大市的

金博士在亞特蘭大遇害的簡易旅館陽台

「馬丁・路德・金非暴力社會變革中心」瞻仰了金的陵墓。當時就有美國朋友告訴我，有一個紀念馬丁・路德・金的委員會正在爭取把金的生日定為全國節日。這個委員會的努力獲得了成功，1983 年 11 月，里根總統簽署一項法案，確定從 1986 年起，每年一月份的第三個星期一為紀念金的全國假日。

對外友協會長章文晉在紀念會上的發言中，稱金是一位「反對種族主義、爭取黑人平等與自由權利的不屈戰士」。他說，「今天，他的事跡還在不斷喚醒人們的良知，他的精神激勵着人們為正義、和平和社會進步而戰」。章會長說，「金雖然沒有到過中國，但他對中國人民懷有友好的感情，早在 1964 年他就主張承認新中國。我們在這裏集會，和美國人民一起紀念金牧師，不僅對他本人表示了敬意，同時也表達了中國人民對美國人民所懷有的友好感情。」

美國駐華大使溫斯頓・洛德出席紀念會並發了言。他稱金是一位「對人類尊嚴作出貢獻的偉大的美國人」，「他改變了美國，他鼓舞了世界」。大使還回憶起 1963 年 8 月 28 日向華盛頓進軍的盛大場面，他曾參加那次規模空前的集會，並為金的著名講演所打動。

中國社會科學院美國研究所的資深學者李道揆在會上作了題為「爭取正義樂隊的指揮」的長篇發言，詳細敍述了金短暫而不平凡的一生。他認為，金作為一位反對種族歧視、爭取黑人平等自由權利的英勇戰士的光輝形象，將永遠留在人們心中。紀念會最後放映的紀錄片重現了美國黑人羣眾反對種族主義鬥爭以及金

的幾次重要演説的場面，這部由美駐華使館提供的影片是特地從美國空運過來放映的。

今年一月中旬，在美國亞特蘭大、孟菲斯和華盛頓等地舉行了各種盛大紀念儀式，有不同膚色的人們和政府官員參加，這説明金的業績和精神已受到普遍的承認。但是，也發生了三K黨黨徒襲擊遊行隊伍等事件；同時，還有一些州尚未承認紀念金的全國假日。金的遺孀科雷特・斯科特・金夫人等黑人活動家認為，在金遇難將近二十年後的今天，金所追求的目標仍未達到，他的夢想仍然沒有實現。對外友協將把在此次紀念會上所拍攝的照片及有關講話稿，寄送給金夫人，以表示中國人民對金夫人的友好和尊敬之情。

（原載《友聲》期刊，1987年4月）

畢生獻身中美友誼的偉大女性
——深切懷念波莉・福斯特爾

　　不久前，從大洋彼岸傳來噩耗，中國人民的老朋友、八十九歲高齡的美中友協佛羅里達州棕櫚灘分會創始人波莉・福斯特爾女士不幸因病逝世。我們對這位畢生致力於美中人民友好事業的國際友人表示深切的悼念。

　　波莉於 1901 年出生在紐約州坎布里奇的一個牧師家庭，早年在大學裏獲得學士和碩士學位，曾從事過基督教女青年會的社會服務工作，熱心於開展社會交往和國際間了解的工作。1932年，女青年會選派波莉到菲律賓擔任馬尼拉女青年會的秘書，旅途中她與在中國上海女青年會工作的同鄉耿麗淑女士結為摯友。從此她對中國產生了濃厚的興趣，與中國人民結下了不解之緣。在馬尼拉，波莉又結識了從中國前往菲律賓採訪的著名美國記者埃德加・斯諾和他的妻子海倫。為支援抗日戰爭，艾黎、斯諾等人在中國發起了「工合」運動，並在海外組織募捐，在香港成立工合國際委員會，由宋慶齡擔任名譽主席。當波莉了解到這一切時，便毫不猶豫地投身於這一事業。她四出奔波，號召各界人士捐款和藥品，支援中國抗戰。為此，她被日本法西斯列入黑名單。

　　1941 年，波莉被迫離開菲律賓返美。路經香港時，會見了她慕名已久的宋慶齡女士。宋慶齡設宴款待了她，並請她回國後宣傳中國抗戰的情況，爭取美國人民的支援。在離開香港前，宋慶齡委託專人將一件藍底白花、鑲有綠邊的旗袍贈送給她，並附上短箋：請穿上這件旗袍向美國人民作關於中國的演講。波莉沒有辜負宋慶齡的重託，到美國許多城市作關於中國抗戰的巡迴講演。每次登上講壇，她都要穿上這件中國旗袍，向聽眾介紹中國人民的奮鬥情況和抗戰決心。在此期間，波莉還參加了由普艾達等人在紐約創立的「美國支援中國工合委員會」的工作，並成為其中的一名負責人。

　　新中國成立後，眾所周知的原因使得中美兩國人民的正常交往中斷了很長時間。但是，波莉發展美中人民間相互了解和友誼的熱情和願望始終沒有改變。中美關係的正常化給進入古稀之年的波莉帶來了新的生活天地 —— 為美中人民友好事業貢獻餘生。1974 年，她移居到佛羅里達州著名海濱城市棕櫚灘，親自發起成立了棕櫚灘美中友協分會，並很快使它成為全美最活躍的分會之一。

　　隨着中美關係的正常化和我國實行改革開放政策，兩國的民間友好交往迅速增加。波莉的家成為中美人民的友誼之家。1981 年，筆者與當時的同事姚進榮首次應美中友協邀請赴美作社會考察，我們在棕櫚灘有幸結識了波莉。她當時已經是八十歲高齡，卻一定要親自駕車，帶領我們參觀訪問，出席各種集會，安排我們介紹中國的改革開放政策。她那依然旺盛的精力，甚至

使年青人自愧不如。波莉不無感慨地說，是美中友協的工作使她恢復了青春與活力。她家的花園住宅不僅是中國朋友溫暖的家，而且也是美中友協分會的辦公室、圖書室和集會處。我們看到了整理得很好的分會通訊錄和來自中國的圖書雜誌，以及來自中國的珍貴紀念品，其中有斯諾當年贈送的一件商代文物，朱德同志寫給她的信，當然還有那件歷史性的旗袍。旗袍的故事已經在當地美國朋友中廣為流傳，它成了中美兩國人民傳統友誼的象徵。

「波莉和耿麗淑、陸慕德、普艾達等一樣，都是受到宋慶齡的影響和感染而愛上中國的。」「波莉對美中友協宗旨的堅信不移，使她成為一名不知疲倦的人。」美國朋友們在悼念波莉女士儀式上的頌詞，無疑對這位中國人民尊敬的老朋友作出了恰如其分的評價。當地美中友協已決定成立「波莉‧福斯特爾紀念獎學金」，以弘揚她致力於發展美中友好的獻身精神。可以相信，許許多多為波莉‧福斯特爾女士的崇高品格所激勵和感染的人們將會攜起手來，為完成她未竟的事業做出更大的努力。

（原載《人民日報》，1991 年 3 月 8 日）

1981 年筆者（左一）和
同事姚進榮在美國福斯
特爾夫婦家的合影

福斯特爾夫婦 1988 年寄給筆者的照片

友好城市—友誼與合作的橋樑

　　隨着我國改革開放政策的實施，我國的對外交往日益增多，與各國結成友好城市的活動也越來越活躍，促進了我國同各國人民的友誼。不久前，在北京舉行了第二次全國友好城市工作會議。

　　在這次會議上，李鵬總理接見了來自全國的出席代表，體現了中央領導對我國友好城市工作的重視、關懷和期待，也引起了人們對這項工作的關注。

　　友好城市在國外通常稱為姊妹城市，是一種有利於國際社會和平與發展、加深各國人民間相互了解與交往，在城市間建立聯誼關係的有意義的活動機制。這項民間友好交往最初起源於二次大戰後的西歐諸國。我國的友好城市工作起步較晚，但始終得到黨和政府的重視。1973年，在周恩來總理的親切關懷下，我國的天津市和日本的神戶市首先結為姊妹城市。為了體現平等的友好關係，根據周總理的意見，我國將姊妹城市改稱為友好城市。

　　在黨的十一屆三中全會改革開放政策的指引下，我國的友好城市工作發展迅速，十年來，平均每年增加30多對。到去年底，我國已有29個省、自治區、直轄市和近百個省轄市，同五大洲40多個國家的300多個城市（含省、州、縣、大區）建立了友好

城市關係 344 對。

　　我國對外開展的友好城市工作由中國人民對外友好協會負責管理和協調。目前，該協會已成為我國各省市貫徹對外開放政策、開展對外交流與合作的一條重要管道。

友好網絡情意深長

　　在日本、西歐以及北美等國家，不少對華民間友好組織和友好人士積極投入到與中國發展友好城市關係的活動中。在與我結好的一些城市裏，開始出現多層次、多管道的友好網絡，形成比較穩定的對華友好合作關係。不少友好城市為了促進兩國關係的健康發展，往往能在一些可能影響兩國關係的原則問題上挺身而出，伸張正義。

　　例如 1982 年，當荷蘭政府擬向台灣出售潛艇時，與上海結好的鹿特丹市政府明確表示反對這一舉動。在美國政府違背中美間有關聯合公報的原則和精神，向台灣出售武器時，與浙江省結好的新澤西州州長發表聲明，強烈反對美國政府向台出售武器，並重申支持中國關於台灣問題的立場。當日本出現少數人企圖為軍國主義侵略戰爭翻案等事件時，與我國結好的許多日本地方政府有識之士紛紛站出來，譴責美化侵華戰爭、篡改歷史的行徑，並對這些傷害中國人民民族感情的舉動表示憤慨。

　　1989 年春夏之交北京發生政治風波之後，國際上出現一股

反華逆流。但是，我們的許多對口友好城市則鄭重表示，將繼續發展同中國人民建立的友好合作關係。不少城市還主動提出一些擴大雙方交往的建議。一些正準備與我結好的城市也紛紛表示，與中國結好的初衷決不改變。各國對口友好城市和人民為增進與中國人民的友誼與合作所作的不懈努力，給中國人民留下了珍貴的記憶。同樣，我國有關的城市也經常以不同的方式，向對口友好城市表達中國人民的友好情意。

人才交流成果顯著

友好城市間在經貿、科技和人才交流等領域進行多方位的交流，具有合作方便、取長補短、互惠互利等特點。各種交流項目都是經過雙方友好協商，並考慮各方實際需要和利益而確定的。十多年來的實踐證明，這些交流與合作對雙方都有利，推動了我國地方省市的對外開放和經濟發展。

改革開放以來，天津市通過友好城市渠道已興辦合資企業十多個，出口創匯十多億美元。在天津和美國費城雙方政府的共同努力下促成的中美合資史克製藥公司成立后，生產美國史克公司的 14 種專利藥品，產品暢銷國內外，中美雙方都比較滿意。

南京市與荷蘭埃因霍溫市共同推動華東電子管廠與飛利浦公司簽訂合作生產彩色顯像管合作項目。全國各地通過友好城市間的合作，引進了大量具有較高實用價值的技術設備。據初步

統計，在這方面引進的合資項目已有上百個，吸收外資達六億多美元。

　　廣西南寧市與友好城市岡比亞首都班珠爾市興辦合資、獨資企業，經營輕工、機械等產品，並協助發展班珠爾市的養雞業，已為繁榮岡比亞以及鄰近非洲國家的市場作出了積極貢獻。友好城市之間還舉辦了數百次商品展銷或交易會，取得了較好效果，受到普遍歡迎。

　　友好城市間在市政建設方面的交流合作前景更為廣闊。上海市與鹿特丹、大阪、漢堡等城市，在隧道建設，污染治理，交通管理，城市規劃等方面進行了廣泛的合作，互相借鑒了許多先進經驗。北京、天津、瀋陽、哈爾濱、昆明等城市也在這些方面與對口城市開展了有益的合作。這些交流對我國大、中城市的綜合治理和改造無疑是有益的。

　　友好城市在引進國外智力，進行人才培訓方面作了大量工作，而且具有時間短，針對性強，學以致用等特點，受到各方面的重視和歡迎。

文化交流豐富多采

　　文化交流有利於各國人民在文化藝術領域的相互借鑒，也有利於弘揚中華民族傳統文化。例如，1989 年 7 月，遼寧省民間藝術團到友好城市日本富山縣參加匯聚了 30 多個國家的國際青

年藝術節，東北地方戲一舉獲得 4 個獎項。友好城市間在電影、戲劇、書法、攝影、繪畫等藝術領域進行的合作交流，對了解並欣賞異域他邦的優秀民族文化，宣傳我國改革開放政策起到很好的作用。

友好城市間的體育交流豐富多彩，且帶有互補性。上海市派排球教練到南斯拉夫的友好城市薩格勒布市擔任男排教練，使該球隊水準大為提高，在國際、國內比賽中多次奪冠。我國一些省市還派運動員到對口友好城市開展培訓，不少省市之間舉辦了足球、中華武術、柔道、乒乓球、游泳、棒球等項目的比賽或技術傳授交流，推動了當地體育運動的普及和提高，同時也增進了各國人民之間的友好情誼。

李鵬總理在中南海接見友好城市工作會議代表時說：「自從改革開放以來，我國的友好城市活動得到了很大發展，對於執行我國獨立自主的和平外交政策，對於在和平共處五項原則基礎上發展同世界各國人民的友好往來，起到了重要的作用。」我們相信，隨着改革開放政策的繼續貫徹落實，友好城市工作將為我國的對外民間友好事業，作出更大的貢獻。

（原載《人民日報》，1990 年 4 月 28 日，

作者以筆名「宗言」發表）

為和平而共同努力
—— 國際和平年亞太和西亞地區討論會在
曼谷舉行

　　曼谷的五月，雖正值盛夏，但午後的陣雨，使人感到熱而不悶。在這裏，現代化建築與佛教寺院臨街併立，到處可見急馳如飛的摩托車羣，但也不難看到身着黃色袈裟、徒步緩行的佛教僧侶。由聯合國主辦的國際和平年亞太和西亞地區討論會，就在這座東南亞名城舉行。這次討論會是根據聯合國大會關於為國際和平年進行必要籌備工作的第 38/56 號決議的要求舉辦的。參加會議的有亞太經社理事會和西亞經委會中二十三個成員國的代表、聯合國特邀專家以及十七個非政府組織和九個聯合國下屬組織的代表，共九十多人。

　　我國著名社會學者、全國政協副主席費孝通教授作為聯合國特邀專家與會，並以「為和平生活作準備」為題作了主旨發言。費孝通指出，為和平生活作準備的必由之路是：建立和平共處的國際政治新秩序；建立平等互利的國際經濟新秩序；建立持久穩定的國際安全新秩序；建立廣泛深入的國際教育和宣傳新秩序。筆者作為全國對外友協的代表出席討論會並作了發言。

1985 年，筆者與費孝通教授在下榻酒店前合影

本地區人民最關心的問題

第二次世界大戰後的歷史表明，亞太和西亞地區是世界上最動盪不安的地區之一。尤其是最近一些年來，阿以戰爭和兩伊戰爭造成了西亞局勢的長期緊張，外國軍隊對阿富汗和柬埔寨的長期佔領，更成為破壞亞太地區和平與安定的重要原因。正是由於認識到這一點，與會代表對於本地區的和平問題表現出極大的關切，南太平洋國家呼籲建立南太平洋無核區，東盟五國提出在東南亞建立和平、自由的中立區。越南軍隊在柬泰邊界上的挑釁行為嚴重威脅了東道國泰國的安全。泰國代理外長巴博在討論會開幕式上一針見血地指出，一國對另一國的軍事佔領，以及佔領國剝奪被佔領國的自決權，是在國際和平年前夕實現東南亞和

筆者（中）在討論會會場

平合作的障礙。泰國人民熱愛和平，反對侵略，伸張正義。人們
發現，在討論會開幕當天，有數十名大學生高舉標語牌，在作為
會場的聯合國亞太經社理事會總部外面示威，抗議越南侵佔柬埔
寨。得道多助，失道寡助，泰國政府和人民的正義立場，得到了
出席者的普遍同情和支持，而公然踐踏聯合國憲章、出兵侵佔別
國的人，在這種場合只能陷於孤立的境地。

和平與發展密切相關

　　討論會的一個重要主題是「和平與發展」。出席者對兩者之
間的相互關係展開了積極的討論，儘管看法有差別，但有一點卻

是比較一致的：如果沒有和平，就談不上發展，反之亦然。當然，不應該把和平僅僅理解為沒有戰爭。有一種觀點認為，在受人控制、威懾或分割的情況下的和平不是真正的和平，和平應該是一種積極的狀態，我認為這是很有道理的。要實現積極的和平，則不但要求聯合國的每一個成員國在政治上真正獲得獨立、主權和民主，還要求各成員國，尤其是發達國家，為世界經濟的發展和繁榮作出應有的貢獻。為此，加強南北之間的經濟貿易交流，提倡南南之間的相互支持和合作，建立起以平等互利為基礎的國際經濟新秩序，使各國經濟都能獲得健康協調的發展，這對於促進世界的和平與安寧是至關重要的。我們這個世界如果只建立在少數人富裕、多數人貧窮的基礎上，是難以實現真正的和平和穩定的。

迎接國際和平年的到來

聯合國關於確定一九八六年為國際和平年的決議得到了會員國的普遍支持。不少國家已經或正在籌備成立全國性的委員會，負責協調和組織本國紀念國際和平年的各項活動。聯合國的下屬組織以及超過二百個各種國際性非政府組織也都將結合本身的特點展開活動，中國的國際和平年活動計劃受到了許多出席者的好評。討論會的主持人之一、亞太經社理事會副執行秘書中川浩二先生尤其讚賞中國的「和平長跑比賽」設想，認為這象徵着用堅

韌不拔的意志去爭取和平。

　　今年是第二次世界大戰結束四十週年。兩次世界大戰的慘痛歷史以及戰後歷次侵略戰爭給各國人民帶來的痛苦，使人們深刻地認識到，和平問題是當代國際政治中最迫切的問題，維護世界和平已經成為各國人民首要的共同任務。正是由於這個原因，聯合國關於國際和平年的倡議才會受到如此廣泛而積極的支持和回應。聯合國大會將在今年 10 月 24 日聯合國成立四十週年紀念日，莊嚴宣佈一九八六年為國際和平年，這對於重申聯合國憲章關於維護世界和平與安全的神聖目標，號召全世界人民為建立一個更加安全、穩定和公正的世界而奮鬥，無疑具有重大意義。

　　　　　　　　　　（原載《友聲》期刊，1985 年 8 月）

將和平理想化為自覺行動
—— 記各國開展紀念國際和平年活動

　　9 月 16 日「國際和平日」這一天，在紐約聯合國總部前，由全球十六個主要文化區域的代表組成的火炬長跑隊，點燃了手中的火炬，開始首屆環球接力長跑，沿途將經過五大洲的數十個國家，並將於明年一月初經過我國北京和上海。長跑隊所到的各國將舉行紀念活動和儀式。長跑隊將於 12 月 31 日返回聯合國總部，舉行盛大慶祝儀式，並將通過衛星向全世界轉播。這是國際和平年中參加國家最多、歷時最長的一項活動，被稱為紀念國際和平年活動的「壓軸戲」。

　　今年國際和平年紀念活動的組織和單位，概括起來，大致包括如下三個方面：

　　第一是聯合國系統的紀念活動。今年元旦，德奎利亞爾秘書長發表賀詞，宣告國際和平年的開始。1 月 17 日，聯合國安理會主席代表安理會成員國就國際和平年和首屆安理會四十週年發表特別聲明；四月，聯合國系統各組織的執行首長就國際和平年發表聯合聲明，並組織了不同形式的活動來紀念國際和平年。例如，環境規劃署以今年 6 月 5 日的「世界環境日」紀念國際和

平年，號召各國種植和平樹作為紀念，引起了包括我國在內的廣泛回應。聯合國還將於今年十月的聯合國日隆重舉行多種紀念活動。

第二是各成員國的紀念活動。自從聯合國號召各國成立紀念國際和平年協調機構以來，約有四十多個國家專門成立了全國性組織委員會，邀請國家元首、政府部長、人民團體負責人或知名人士出任組委會主席。組委會負責擬定計劃，協調全國及地區性活動，並擁有一定的經費預算。

第三是非政府組織的活動。據聯合國統計，有近二百個國際非政府組織開展了和平年紀念活動。國際性科學、教育、文化組織以及青年、婦女、兒童組織的參加無疑具有重要意義。

據不完全統計，世界各地舉行的國際和平年活動已有一百五十項。這些活動，根據其內容大致可分為紀念性、學術研究性和宣傳教育性三種類型。

紀念性活動是從聯合國到世界各國在和平年中開展最普遍的活動，目的是以各種紀念形式造成聲勢，引起國際社會對和平問題的重視，把盡可能多的人引導到爭取和平的崇高事業中來。其主要活動形式有舉行盛大羣眾集會和舉辦和平年文化藝術節、和平年攝影、繪畫專題展覽等。

維護國際和平與安全是早已載入聯合國憲章的全人類的共同願望。但是，和平的定義是甚麼？僅僅是沒有戰爭的代名詞嗎？在學術研究活動中，不少學者認為，在外來控制、支配、威懾下的和平不能算是真正的和平，應該從更廣義的角度來議論和平，

還應該把和平與發展、人民的民主與權利等聯繫起來考慮。

　　對青少年實行和平教育對於和平事業具有特殊的意義，不少國家和組織已經着手研究這一問題，並提出不少建議。新西蘭等國正考慮將和平教育的內容寫進中小學教科書中；有的國家倡議，今後不再生產象徵暴力的玩具。

　　在國際和平年活動中，各國人民為尋求和平與安全做出了史無前例的巨大努力。國際和平年雖然只有一年，但促進和平事業是沒有時限的，重要的是通過這一活動，把和平理想化為千百萬人的自覺行動，這才是確立國際和平年的意義所在。

　　　　　　　　　　（原載《中國青年報》，1986 年 9 月 16 日）

和平使者促和平

── 非政府組織在維護和平中的作用

　　全世界各種國際性或全國性民間組織多達數千個，其中與聯合國保持聯繫的約有幾百個，聯合國將這些組織統稱為「NGO」，即「非政府組織」。由於非政府組織特有的民間性和廣泛代表性，幾十年來，它們在反映世界人民的和平呼聲、促進和平事業發展等方面發揮了應有的作用，並受到聯合國的重視與支持。

　　為紀念聯合國成立四十週年，聯合國在 1982 年第 37 屆大會上決定將 1986 年定為國際和平年。在國際和平年籌備過程中，聯合國尤其重視非政府組織的意見和建議，通過其在紐約、日內瓦和維也納的機構與各國非政府組織進行了廣泛的聯繫，並召開了一系列會議。

　　1986 年國際和平年期間，聯合國在紐約、日內瓦、華沙、羅馬等許多城市舉辦了主要由非政府組織代表參加的各種紀念活動，其中 1986 年初在日內瓦召開的世界非政府組織大會和年底從紐約開始的首屆環球接力長跑曾產生了較大的影響。為此，德奎利亞爾秘書長在關於國際和平年的報告中指出，雖然各方面都作出努力，但非政府組織和民間機構的參與最為活躍。報告中特

別提到,「中國人民對外友好協會有效地協調了國際和平年在中國的各項活動。」

　　為了表彰非政府組織對和平事業的貢獻,聯合國秘書長於1987年的國際和平日,授予312個國際性和全國性非政府組織「和平使者」稱呼,這也是聯合國歷史上首次設立有關和平的榮譽獎。中國人民對外友好協會、宋慶齡基金會和中國人民爭取和平與裁軍協會,也是首批獲獎者。

　　為使開展和平研究與活動常態化,聯合國特地在其機構內設「和平研究處」,作為協調非政府組織開展和平活動的常設機構。與此同時,它將原國際和平年信託基金改為促進和平信託基金,為開展和平活動籌集經費。近兩三年來,聯合國秘書長又先後為一些有貢獻的非政府組織頒發和平使者獎。在聯合國和平研究處的協調下,每年都選擇一個主題開展活動。1988年的主題是「兒童與和平」,1989年是「和平與環境」,1990年為「同一世界,多種文化」,今年在蘇聯索契召開的和平使者組織會議則以「通往二十一世紀的和平」為主題。索契會議上討論的一系列重要議題不但體現了聯合國對非政府組織作用的重視,同時也表明了廣大非政府組織對世界和平及聯合國在維護和平方面作用的普遍關切。

　　1995年是聯合國成立五十週年,為及早籌備各項紀念活動,聯合國已開始徵求各和平使者組織的意見,並得到積極的反應。顯然,聯合國與這些組織之間的關係將會不斷得到加強,這對維護世界和平與安全無疑是具有重要意義的。

　　　　　　　　　　　　（原載《人民日報》,1991年9月18日）

德奎利亞爾敲響和平鐘

　　秋日的紐約，碧空如洗。座落在曼哈頓東河河畔的聯合國大廈，在陽光下顯得分外耀眼。在第四十五屆聯大召開前夕，聯合國於 9 月 17 至 18 日舉行和平使者協商會議，作為紀念國際和平日的一項重要活動。

　　1981 年，聯合國大會宣佈，將每年九月的第三個星期二，也就是每年聯大的開幕日定為國際和平日，目的是「提供一個具體的時間，集中聯合國、其成員國以及全人類的力量，來促進和平的理想，並以各種方式來表明他們對於和平的承諾」。國際和平日創立十年來，聯合國發起的羣眾和平活動有了明顯的加強，其中最引人注目的是 1986 年的國際和平年活動。為表彰那些為和平事業作出積極貢獻的團體和組織，最近幾年來，佩雷斯·德奎利亞爾秘書長在每年的國際和平日都要授予一些非政府組織「和平使者」稱號。中國人民對外友好協會於 1987 年得到這一榮譽。

　　出席這次會議的有來自世界 70 多個和平使者組織的代表。在聯合國和平研究處處長羅賓·路德維格女士的主持下，會議在友好、融洽的氣氛中進行。在討論今年國際和平日的主題「同一世界，多種文化」時，筆者作為對外友協的代表在發言中指出，提出這一主題的目的是要人們承認並尊重在這個世界上存在着多

種文化，承認並尊重由於不同文化背景而產生的不同國情，學會在同一個世界裏和平共處。在當前的國際生活中，和平共處原則的一個重要內容是，在沒有外來壓力的情況下，各國人民有選擇社會模式和發展道路的權利，必須摒棄那種不顧別國的國情和利益，企圖將自己的價值觀念和社會模式強加於人的做法。其他與會人士也普遍認為，通過文化交流，促進了解和相互尊重，是世界各民族人民和睦相處的必要條件。會議還聽取了聯合國教科文組織官員關於教科文「文化發展十年」的報告。

　　會議的另一個重要議題是初步討論紀念聯合國成立五十週年的計劃，與會者發言踴躍。印度甘地和平基金會建議舉辦和平

聯合國秘書長德奎利亞爾在國際和平日儀式上敲響和平鐘

野營活動，美國「核時代的教育」組織提出召開世界學生大會，蘇聯和平基金會宣佈將於 1991 年在蘇聯索契舉行世界和平討論會。不少代表認為，和平不應僅僅理解為沒有戰爭，它與生態、環境、毒品、犯罪等當今人類面臨的共同問題也密切相關。顯然，這樣理解不無道理。

　　9 月 18 日為國際和平日，與會代表在聯合國大廈前參加了傳統的和平鐘儀式。上午 10 時，德奎利亞爾秘書長以緩慢而有力的節奏，敲響了莊嚴的和平鐘聲。接着，他請全世界所有人對和平的意義及其重要性靜思片刻。隨後，秘書長和安理會主席尤里·沃龍佐夫分別發表了和平日講話，重申了聯合國對於維持國際和平與安全的承諾。安理會主席在講話中指出，今年紀念國際和平日的時候，正值聯合國憲章的一些原則受到嚴峻考驗。他說，在這一年內，聯合國成功地促成並鞏固了對某些國際衝突未決事項的和平解決。但在這一年內，波斯灣地區卻發生了悍然破壞聯合國憲章原則的行為，對國際社會的安全構成潛在的威脅。其他嚴重情況如種族隔離政策和巴勒斯坦問題，也繼續阻礙在全世界實現和平與安全。他表示，安理會決心為這些衝突以及世界其他緊張地區尋求和平與公正的解決辦法。秘書長和安理會主席的講話博得「和平使者」代表們的熱烈掌聲。接着，舉行了今年的和平使者命名儀式，德奎利亞爾秘書長將「和平使者」證書授予芬蘭的一個非政府組織。

　　下午三時，出席和平使者會議的代表應邀列席了第四十五屆聯大開幕式。從第四十五屆聯大到第五十屆聯大，時間尚有整整

筆者（中）與中國同事在和平鐘前留影

五年，為甚麼現在就提出紀念聯合國成立五十週年？參加了這次
會議后，筆者認為，其目的就是要使這個準備的過程成為提高各
國人民和平意識、促進和平事業的過程。路德維格女士在會後告
訴筆者，紀念活動將以「和平與聯合國」為主題。顯然，本次集
會也意在表明，作為最大的國際組織，聯合國在履行維護國際和
平與安全這一神聖職責的過程中，不僅有賴於各成員國政府的支
持，而且還熱切期待着廣大非政府組織和各國人民的參與。

（原載《中外交流》1991 年第 1 期）

新中國人民外交的見證人
——記全國對外友協會長韓敘的外交生涯

　　在中華人民共和國四十年的外交風雲史上，湧現出一批傑出的外交家。中國人民對外友好協會會長韓敘就是其中的一位。

　　1942 年，18 歲的韓敘作為燕京大學的進步學生，毅然投筆從戎，參加了聶榮臻將軍率領的八路軍。解放戰爭期間，韓敘在軍調處執行部南口小組任英文翻譯，開始與我黨的外事工作結緣。但是，韓敘正式的外交生涯，可以說是從共和國誕生之日開始的。

　　1949 年 10 月 1 日上午，莊嚴的開國大典向全世界宣告了新中國的誕生。韓敘旋即於當天下午接受任務，前往蘇、美、英、法、荷、意等國駐北京總領事館遞交中華人民共和國成立聲明，要求獲得這些國家的外交承認。這是新中國成立之後韓敘執行的第一項外交使命。在此後的 40 個春秋，除「文革」中一段時間「靠邊站」外，韓敘始終處在外交工作的第一線。

　　新中國成立後，中央迅速組建外交部，韓敘成為人民共和國的第一批外交官。他在外交禮賓、交際聯絡方面顯露的才華，使他在三十歲時就擔任外交部禮賓司專員，並多次參與重大外交活

1957 年 11 月 16 日，毛澤東主席在克里姆林宮與陪同訪
蘇工作人員合影，站主席右邊者為韓敘

動。1954 年在日內瓦召開的印度支那和平會議和 1955 年在印尼
召開的萬隆會議，是新中國成立初期周總理親率中國代表團參加
的兩次重要國際會議，意義重大，安排必須力求萬無一失，韓敘
作為兩次會議的先遣組成員發揮了作用。

　　1956 年底周總理訪問歐亞 11 國，1957 年毛主席訪蘇，韓敘
都是隨行人員。1963 年底，韓敘被派往中國駐蘇聯使館工作，
先後任一等秘書、參贊。一年三個月後他奉調回國，出任外交部

禮賓司副司長，以後又提升為司長。

　　1972 年尼克松總統訪華，韓敘作為外交部禮賓司長，調動
該司的力量參與了開闢中美外交關係的工作。周總理等領導同志
對外交禮賓工作極為重視，作過許多具體指示，對此韓敘心領神
會，逐一落實，在禮賓司主持制定了系列規章制度。長期的外交
禮賓工作還練就了韓敘驚人的記憶力，當周總理陪同外國貴賓與
迎候在機場的五、六十位外國使節見面時，他能逐一準確説出這
些使節的名字和職銜。

1978 年 7 月 20 日，卡特總統在白宮玫瑰園會見中國藝術團時與中國駐美
聯絡處副主任韓敘大使握手

　　1973年，韓敘被派往華盛頓任中國駐美國聯絡處副主任（大使銜），開始了一段新的外交生涯。六年後他回國出任外交部美大司司長。幾十年外事工作的磨煉使他成為閱歷豐富、知識淵博的外交家。1982年，韓敘被任命為外交部副部長，參與了中美「8.17公報」的談判及一系列對美外交指導工作。1985年5月，韓敘再次出使美國，成為中國第三任駐美大使。在1982年9月和1987年10月的中共第十二和十三次全國代表大會上，韓敘連續當選為中央候補委員。

1989年8月14日，布什夫婦到訪中國使館與韓敘夫婦合影

　　韓敘外交活動的一個明顯特點是重視並善於交朋友，對朋友
坦誠相待。他認為，交朋友是外交工作的重要環節，可以促進相
互了解和友誼，推動國家關係的發展。出使美國期間，韓大使的
足跡遍及 40 個州，在不同場合作過 230 多次講演。他的朋友遍
及政治、經濟和知識界。他曾到基辛格、舒爾茨、布熱津斯基
和尼克松、卡特的宅邸做客，與某些政要可以像老朋友一樣交
談。他與布什總統的友誼早已為人所知，時任副總統的布什每年
聖誕節都與夫人一起到中國大使館做客，1987 年底在使館相聚
時正值總統選舉，他們達成口頭協議：無論布什當選與否，明年
（1988 年）聖誕節都要來使館做客。後來布什競選成功，諾言也
如期兌現。在布什夫婦與韓敘夫婦 1988 年聖誕前夕在中國大使
館歡聚的合影照片上，布什總統的親筆題詞略帶幽默：「贈韓敘、

1988 年 12 月 14 日中美建交十
週年前夕，里根總統在白宮會見
韓敘大使

1987 年 2 月 27 日晚，尼克松前總統到中國使館出席上海
公報發表十五週年招待會

葛綺雲：懷着尊敬與友好之情──幹得好，先生！」布什總統
國家安全顧問斯考克羅夫特與韓敍的友誼則可追溯到 1972 年。
當尼克松總統訪華時，韓敍負責禮賓接待，斯氏作為總統軍事
助理，主管總統專機，他們打交道的機會多，很快便成了朋友。
1989 年 12 月，斯氏作為總統特使訪華，同時也帶來了同年 8 月
14 日韓大使在白宮向總統辭行時的一張合影，照片上有布什的
另一題詞：「良好的祝願，祝你一路平安。」

　　1989 年 10 月，在新中國成立四十週年之際，韓敍結束了風
雲四十載的政府外交生涯，出任中國人民對外友好協會會長。他
以豐富的外交與國際知識，強烈的責任感和善交朋友的特長，轉
而活躍在民間外交的舞台上。到任不足一年，他已出訪了日本和
亞非 12 個國家，並主持召開了對外友協全國理事會和第二次全

國友好城市工作會議，為發展我國的民間對外友好工作制定了新的藍圖。

回顧幾十年的外交生涯，韓會長感慨地說：「活到老，學到老，改造到老。人民外交大有可為。」雖然已六十六歲，但常年不懈的體育鍛煉使他仍保持着健康的體魄和充沛的精力，多年來養成的節假日照常到辦公室工作的習慣仍舊未改。我們預祝他在民間外交的廣闊天地取得更大的成功。

(Abbreviated translation)

Han Xu, President of the Chinese People's Association for Friendship with Foreign Countries, is one of the most outstanding diplomats during the past 40 years in China. His life as a diplomat started right on the day of the founding of the People's Republic. That afternoon, Han Xu was given job to send in the statement announcing the founding of the People's Republic of China to the foreign consulates in Beijing including Soviet Union, the United States, Great Britain, France, Holland and Italy for their recognition of the People's Republic. During the 40 years after that day, he has been the assistant director and director of the Protocol Department, counsellor of the Chinese Embassy in Soviet Union, deputy director of the Liaison Office to the United States, director of America and Oceania Department, vice minister of the Ministry of Foreign Affairs, and ambassador to U.S.A.

Accompanying Mao Zedong and Zhou Enlai, Han Xu visited many countries and attended many important conferences. When he was the director of the Protocol Department he made remarkable contributions to the establishing of Sino- U.S. diplomatic relations.

At his post in the United States he made friends with probably all walks of life. His friendship with President George Bush has been well-known. Bush and his wife would be the guests of the Chinese Embassy in Washington at each Christmas. On one of their photos Bush wrote: "To Han Xu and Ge Qi-yun: With respect and friendship. Well done, Sir." At Han Xu's farewell Bush wrote on another photo to express his best wishes and to wish them a pleasant journey home.

When looking back on his 40 years of diplomatic life, the 66 year-old President of the Chinese People's Association for Friendship with Foreign

Countries said emotionally: "One should live to learn and live to remould one-self. There is bright prospect for the people's diplomacy." We sincerely wish him a greater success in his people's diplomacy among the peoples.

（原載《中國與外國》1990 年第 3 期）

一位傑出的「學者大使」

1988 年春，在福建省政協六屆一次會議的主席台上，一位氣質儒雅、精神矍鑠的人物引起了與會者的注意，他就是前中國常駐聯合國代表凌青大使。

作為新中國的第一批外交戰士，凌青的外交生涯可追溯到四十年代。當時，曾就讀於燕京大學經濟系的凌青在中央軍委外事組工作，負責與美國政府派駐延安的美軍觀察組的聯絡、翻譯及

1946 年，凌青與毛澤東主席在延安窯洞前

接待工作。為此，他當過毛澤東、劉少奇、朱德以及楊尚昆等領導同志的英文翻譯。

　　新中國成立後，凌青任外交部美澳司美國科科長，後升任該司專員，成為司長處理美國事務的主要助手。朝鮮戰爭期間，凌青參加了中國人民志願軍朝鮮停戰談判代表團，為促進朝鮮停戰、維護世界和平做過貢獻。七十年代初，當「乒乓外交」使中美關係掀開新的一頁時，他作為外交部歐美司負責人之一，以對外友協理事的身份參與了對美國乒乓球隊的接待，實際上為日後基辛格博士和尼克松總統訪華奠定了基礎。歷史的機遇使他親歷了中美關係史上的幾次重大轉折。

1984年，凌青與聯合國秘書長德奎利亞爾（左二）合影

　　凌青外交生涯的另一特點是與聯合國結下了不解之緣。中
國恢復在聯合國的合法席位時，他是外交部主管聯合國事務的主
要官員。七十年代以來，凌青多次率團出席國際會議並擔任副團
長、團長。1974 年，聯合國海洋法會議在委內瑞拉召開，會議
期間，他以中國代表團團長身份同委內瑞拉政府談判建交成功，
並由此成為中國首任駐委大使。鑒於他在聯合國事務方面的長期
經驗，不久就被調回主持外交部國際司工作。1980 年，凌青被
任命為中國常駐聯合國代表，這期間，他出色地執行中國獨立自
主的和平外交政策，堅持和平共處五項原則，團結第三世界和一
切友好國家，反對霸權主義、維護世界和平，並積極主張利用聯
合國舞台提高中國對外開放的形象，開拓對外交流的渠道。由於
他知識淵博、思路清晰、舉止文雅、待人彬彬有禮，駐聯合國的

凌青作為聯合國安全理事會輪值主席主持安理會會議

不少外交官稱他為「學者大使」。1985 年，凌青結束長達五年的聯合國外交生涯，回國後，曾出任中國人民對外友好協會常務副會長。

　　凌青原名林墨卿，是林則徐的第五世孫。抗日戰爭時期因參加地下工作改名凌青。家庭背景和豐富經歷是他在離開外交第一線後回到祖籍福建工作的重要原因。從職業外交家到擔任省政協副主席、主持政協常務工作，畢竟是一個轉變。凌青常說：「林則徐是位愛國民族英雄，愛國就要愛家鄉。為了家鄉的改革開放事業，我雖然餘熱不多，但也要活到老，學到老。」去年，在紀念鴉片戰爭一百五十週年時，許多人問他，作為林則徐後裔有何感想？為此，凌青說：「百多年前，林則徐進行抗英鬥爭，結果由於清廷腐敗無能，失去了香港，林則徐本人也被革職流放。百多年後，由於新中國的強大，終於在 1984 年同英國達成協議，收回香港。事有湊巧，這個協議文本正是經過我的手在聯合國登記，完成國際社會公認的法律手續。真可謂百年國恥家仇洗雪於一旦。」此時此刻，感慨萬千，也許用拙作七律一首，可以表達這種心情於萬一吧！

　　　　中華兒女志彌堅，昂首虎門銷毒烟。
　　　　戰鬥百年欣崛起，騰飛萬里譜新篇。
　　　　河山昔日悲焦土，大地今朝喜換顏。
　　　　高祖有靈應不識，笑問天上抑人間？

（Abbreviated translation）

Ling Qing's diplomatic career can be traced back to the 1940's when he was assigned by the Communist Party' Central Military Commission to serve as liaison officer and an interpreter for the U.S. observing group to Yan'an.

After the New China was founded, he assumed the director of the American and Australian Affairs Department of the Ministry of Foreign Affairs and later during the Korean War, took part in the armistice negotiations as a member of the Chinese delegation, making contributions to the truce talks and world peace.

When the "Ping Pong diplomacy" opened a new page in the Sino-US relations in the early 1970s, Ling began to involve himself in the preparatory work for Kissinger and Nixon's visit to China. Afterwards, he attended many UN sessions and was designated in 1980 as China's chief representative to the world body. He outstandingly implemented China's independent and peaceful diplomatic policies and the five principles of peaceful co-existence in uniting with Third World countries and all peace loving nations to oppose hegemonism and strive for world peace.

A man of knowledge and courtesy, he was noted among many UN diplomats as a "scholarly ambassador."

Ling Qing's original name was Lin Moqing. He is one of the fifth generation descendants of Lin Zexu, the national hero leading the movement to ban foreign imperialists' opium trade in China. To meet the need of the underground work during the Anti-Japanese War period he changed his name.

Last year when the 150 anniversary of Opium War was observed, he was asked by many of his feelings as the national hero's descendant. He said, "More than a hundred years ago Lin Zexu launched a struggle against the British Opium Trade. However, due to the corrupt and weak Qing Dynasty, Hong Kong got lost and he himself was deposed and sent into exile. But since then more than a century have passed. Because of the powerfulness of New China an agreement was reached in 1984 on the restoration of China's sovereignty over Hong Kong. I, with my own hands, signed the document of the agreement at the United Nations, ending the international legal formalities. It was really a thorough cleaning of both a national humiliation and a family hatred that lasted more than a hundred years. All sorts of feelings sprang to my mind and I really could not hold my tears."

（原载《中国与世界》1991 年第 3 期）

阿瑟・施萊辛格的中國日記

1987 年，筆者在美國訪學期間應邀到紐約探訪施萊辛格夫婦

　　按語：美國前總統肯尼迪的特別助理、著名歷史學家阿瑟・施萊辛格曾於 1933 年隨其父來華旅行。時過五十四年後，施萊辛格作為美國民主黨訪華團成員，於 1987 年 6 月應對外友協邀請再次訪華，筆者全程陪同訪問。當年秋天筆者去美國訪學，曾於聖誕假期應邀到紐約探訪施萊辛格夫婦（上圖）。施將一本載有「一個資產階級自由派人士的中國日記」的美國《旅行家》雜誌送給筆者。他在日記中將 1933 年與 1987 年兩次訪華的日記做了比較。筆者回國后將其翻譯發表，以饗讀者。

1933 年 10 月 13 日，星期五

　　星期五，輪船乘着晚間的潮水進港。在塘沽，我們的護照無人檢查，這多少反映了中國政府的辦事效率。我們於次日凌晨 4 時 30 分下船，趕 5 時 32 分的火車去北平。在寂靜的夜幕裏，列車經過一處中國兵營，營房四周布滿鐵絲網、沙包和崗哨。一小時後抵達天津，離津後父親設法弄到一個包廂和幾片剩餘的麵包，這是頗受歡迎的。從昨天中午以來，除了一位丹麥伯爵夫人給過我弟弟幾根香蕉外，我們甚麼吃的也沒有。上午 10 時 10 分到達北平，住進了北京大飯店。

1987 年 6 月 16 日，星期二

　　午後抵達北京，中國人民對外友好協會的代表在機場迎接。幾輛高級轎車把我們送到北京飯店 —— 五十四年前我與父母、弟弟下榻過的北京大飯店。多年後，這座飯店的規模擴大了許多，向西邊的灰暗色建築羣裏擴展。飯店裏門廳很多，説話迴響，並有許多華麗而又顯得俗氣的商店。

1933 年 10 月 15 日，星期日

　　今天是我十五歲生日，我們前往紫禁城。環繞皇城的是一條布滿瘀斑的暗紅色城牆，城內的建築物標有中、英文說明，但其英文往往與中文一樣使我感到不可理解。皇城裏幾乎清一色地由許許多多的庭院，殿堂和通道所組成。我們來到了一座宮殿，殿前一渠流水上的浮垢已經發綠，猶如鋪上了綠色地毯。我們觀賞了不少玉器、青銅器、象牙屏、羽毛屏、軸畫及象徵皇權的物品。可惜的是，由於擔心日本的進犯，許多文物在數月前已遷往南京了。

1987 年 6 月 16 日，星期二

　　紫禁城壯麗極了。高大的城門、紅牆黃瓦、雕樑畫棟，三座巨大宮殿，殿前有雕龍斜坡。大殿後面是規模較小的寢宮，後宮花園裏的連體柏樹是情侶的象徵。

1933 年 10 月 16 日，星期一

　　天壇於 1890 年被火燒毀，後又按原形重建。只要管理人員能不辭勞苦，拔掉雜蕪，並鋪上綠草，進門的小徑本來是會很漂

亮的。導遊説管理人員對自己的工作能保住多久，能幹十年還是明天就被解僱，毫無把握，他們對修繕不感興趣……我們去一座喇嘛廟，儀式正在進行，廟裏到處都很髒，身上散發着臭味的喇嘛們相互戲謔取笑，對香客們不理不睬……我們乘坐了一段人力車。人力車這個行當看來合乎邏輯：車夫們興致勃勃，慣於拉客，多拉多得，生活也能過得好些。儘管如此，對於坐在車上被人拉着遊逛這種做法我並不喜歡……到處是乞丐，向外國人討乞。哈佛研究生費正清帶着他聰穎而標緻的夫人到飯店探望我們，看來他懂得許多關於中國的事情……除了大銀元外，中國沒有標準貨幣。找零的錢大都是紙幣，也有一些小銀幣。這種零頭錢很難辨認，一般説來沒有甚麼價值。弟弟要買一頂中國草帽，給了一張兩角錢的紙幣、四枚相當於美國一角銀幣大小的硬幣和一枚相當於美國五分鎳幣大小的硬幣。店裏的夥計們很快地接受了紙幣，一陣商議後，按一定折扣收下那四枚硬幣。接着其中一人拿起最後那枚硬幣，從不同角度進行了鑒別，又依次傳給其他人鑒定。最後還是以折價收下這枚硬幣。在另一家商店，父親掏出五美元，買了價值兩美元的東西，找回了三個銀元，每個銀元都被莊嚴地當場敲響以鑒真偽。我們的嚮導也鄭重其事地把銀元對着敲，表示滿意後把銀元遞回櫃枱，接着夥計在每一銀元上面加蓋商店的標誌，以示該店保證這些銀元是真品。

1987 年 6 月 17 日，星期三

在北京，人們可以看到許許多多新建築，不過，這些房子是那麼單調乏味，斯大林的陰影籠罩着這些建築物。但是街上熙熙攘攘，到處是行人、自行車、三輪車和售貨攤。商店裏堆滿了在莫斯科少見的電視機、電子音響、錄音機和電冰箱。忙碌而活躍的企業精神處處可見，叫賣聲、討價還價聲此起彼伏。這使我回想起中國當年的集市。從毛時代的蕭瑟、沉悶與單調劃一的氣氛到今天的現實，同行的哈丁[5]仍然感到難以轉過彎來。

經濟改革在這裏比在蘇聯要容易得多，街上的繁忙景象說明對長期受壓抑的商業來說，轉向市場機制是一個好方法，中國人有經商的天賦。而戈爾巴喬夫的事情要難辦些，他必須先喚起蘇聯羣眾對商業的熱情，還遠遠談不上要對這種熱情作出響應。毛在哪兒呢？能看到他的地方並不多，儘管他的畫像在天安門城樓上發出淡淡的微笑，他的雕像豎立在北京大學校園裏。在北大，我作了關於「美國歷史的週期」的講演，講演後一些人所提的問題顯得在行，並無敵意或帶馬克思主義色彩。實際上，無論是在與學者或與官方的交談中，都令人驚奇地少用馬克思主義的術語和姿態。這與蘇聯形成了強烈的對照 —— 至少與我當年（戈爾巴喬夫時代之前）在蘇聯時相比較是這樣。那麼到底毛的位置在哪兒？人們很少談起他，但是他們自由而尖銳地談及他發動的「文

化大革命」。北大的一位在「四人幫」時期失去了十一年時間的
教授對我說：「文化革命給了我時間考慮為甚麼在我的國家裏會
發生如此荒唐的事情。」半個世紀之前我訪問過這所學校，當時
沒有毛的雕像，校名叫燕京大學。

1933 年 10 月 17 日，星期二

　　燕大離北平市中心約 7 英里。回城很不容易，城門晚上九時
關閉。上午我們先到美國公使館辦入城證，但他們對此事不甚了
解，等了一小時后，卻告訴我們辦一個證需要一星期時間。不過
到燕大，學校給了我們一個入城證。回城路上令人感到既新鮮又
害怕，路上遇到許多崗哨，有兩次我們被攔了下來，其中一次哨
兵的槍口直對着我們。到達城門時交出入城證，驗明我們既不是
土匪，也不是日本兵後，才得以進城。我在遠東的一個新發現，
是這裏軍隊的數量。我在日本兩週所見到的士兵比在美國十六年
所見到的要多，而在中國兩天所見到的士兵又比在日本兩週所見
到的要多。這些人並非在行軍中，多半是看見他們在火車站及其
他公共場所閒逛。

1933 年 10 月 18 日，星期三

我們前往頤和園。1860 年英法軍隊燒毀了原來的園子，慈禧太后對其進行了重建，據説是挪用了海軍軍費，不過她建了一座巨大的大理石舫。所有的殿堂都關閉着，必須接近積滿塵埃的窗戶才能窺視屋內的情景。最後我們終於來到當年太后最為欣賞的著名長廊，你可以想像那麼一位矮小、醜陋的女人 —— 今日中國之狀況在很大程度上是由於她謀求私利所致 —— 漫步在這絢麗多彩的長廊中，觀賞着昆明湖的美景，念念不忘她那漂亮的宮殿，而對她所造成的破壞與死亡卻毫不在乎。

1987 年 6 月 17 日，星期三

在北大講演后，我們在數里之外的頤和園受到盛情款待。這是個令人陶醉的地方：寬大的湖面，人工造出的小山，宮殿羣中的寶塔，姿態多異的小橋，伸出水面的荷葉，以及沿水邊而建的長廊。我們在一個稱做聽鸝館的地方用膳，菜餚豐盛，甜食稱為銀耳，是一種據説對高血壓有特效、老年人常食用的樹菌。

1933 年 10 月 19 日，星期四

　　我們趕上 7 時 15 分的火車去長城，在前往車站的路上看到一隊駱駝。55 英里路程火車開了四小時又一刻鐘。上一班車在一個小站旁壓死了一位撿煤渣的男子，死者現躺在路邊，身上蓋着一條毯子。他的女兒來了，發出驚恐的哭叫聲和抽泣聲，車上的旅客為這一家捐了一點款。

　　下火車后，離長城尚有 0.75 英里，這段路可以騎驢，也可以乘轎。我弟弟選擇騎驢，其他人乘轎。每一轎子由四人抬，一顛一簸地走着，一路上，我們飽覽了長城的丰采。這是一個秋高氣爽的日子，來到長城后，我們立刻為這一奇景所迷住。長城順着蜿蜒的山巒伸向遠處湛藍色的天空。長城上遊人很少，幾乎就只是我們這一行人在漫步。原定返回途中還要經過明陵，但由於該地區土匪出沒而取消了。

1987 年 6 月 18 日，星期四

　　細雨霏霏，我們乘轎車前往離北京約一個半小時路程的長城。公路上的車輛展示了中國交通的歷史：這回沒有駱駝，但從牛車、馬車到自行車，從摩托車、大客車到小轎車，應有盡有。等候公共汽車期間，人們蹲在地上休息。

不久，細雨變成蒙霧，天空顯得灰暗。抵達時，長城已被霧氣包圍，與我仍記憶猶新的多年前那耀眼的十月晴空截然不同。漸漸地，霧氣中露出蒼白的陽光，微弱地照射在城牆上。遊人如織，攀爬的、行走的、聊天的、吃零食的都有，絕大部分是中國人。也有一些白種人，其中意想不到地還包括特德·特納（美國著名電視主播）。望着這一巨大的建築隨着綠色的山崗綿延起伏，你會感覺到一種經久不衰的激動。

1987 年 6 月 20 日，星期六

溫斯頓·洛德和夫人貝蒂·包邀請我們到大使官邸與幾位中國知識分子共進一次很有意思的晚宴。我們聽到過許多關於前不久官方開展反對資產階級自由化運動的消息。為此，我當場宣佈自己是一名資產階級自由派人士，我問為甚麼中國把資產階級自由化當成是一種威脅。有人對運動進行了淡化，說其實是針對黃色刊物而進行的。

第二天下午，我們一行離開北京去西安，乘坐了一小時四十五分鐘的飛機去看世界真正的奇跡：守衛秦始皇陵的兵馬俑。秦始皇死於耶穌基督出生前兩個世紀。實地一看令人驚訝，那是在 1974 年出土的，到現在也還沒有挖完。

1987 年 6 月 24 日，星期三

頂着六月的驕陽，我們乘船穿過灕江著名的峽谷，其美麗的景色是永恆的，長久以來是中國畫與詩讚美的主題。除了船上的機器聲提醒我們是在二十世紀外，河上沒有任何帶有馬達的船隻，所看到的只是傳統的竹排——用幾根竹子穿連在一起而已。帶草帽的農民挑着木桶，蟬聲陣陣，水牛處處可見，其中不少躺在水中納涼，使船上的乘客羨慕不已。

1933 年 10 月 20 日，星期五

早晨 7 時 15 分乘「上海特快」列車出發，第二天下午 3 時 5 分抵達埔口長江輪渡，我們乘坐的是頭等豪華臥鋪。從車窗往外看，我對一路上帶圍牆的房子印象很深。一位中國人曾對父親說過，他在美國時最為吃驚的是看不到圍牆。途經每一站，都有人賣燒雞、水果、湯。今天是乘坐老式輪渡的最後一天，旅客們最後一次提行李下車，過江後再登上另一列火車。明天，火車輪渡將投入使用……

1987 年 6 月 29 日，星期四

　　當我們駛離桂林機場時，看到一隊「奔馳」豪華車並得知吉米・卡特來了。隨訪的還有 17 名特工人員。作為一名納稅人，我覺得這樣做太過分了。我不明白為甚麼英文《中國日報》對總統的訪問沒有報道。有人告訴我：「如果他們認為這類訪問的目的是為了籌款，就不會予以報道。」在經歷了兩個小時的以洗手間骯髒聞名的飛機旅行后，我們抵達了杭州。從 1933 年以來，我對杭州和西湖一直懷有最愉快的記憶，而這次重訪又把老記憶翻了新。這是至今我看見的最美麗的地方 —— 和諧、秀麗與豪華完整地結合在一起。

　　杭州飯店是我們在中國看到的最好飯店，也是我所知道的世界上最好飯店之一。這是一個中外合資企業，避免了像香山飯店那樣全由本地人經營所造成的弊端。

1933 年 10 月 23 日，星期一

　　我們下榻於埃斯特飯店[6]，這是我們在日本和中國所見到的最好飯店。我們到繁華而漂亮的外灘散步，去本地人居住區裏的市場察看。我們到賣鳥和狗的商店。我看到有人在叫賣一個個裝有

6　今和平飯店。

蟋蟀的小盒子。上海象徵着活力、朝氣和建設，而北平則是一個垂死的或至少是腐敗的城市。漫步於外灘的歐亞混血女郎與在其他任何地方看到的一樣，令我望而入迷。

1987 年 6 月 26 日，星期五

我們投宿於錦江飯店，一座用暗色調裝飾但已經老舊的飯店，位於前法國租界。這是尼克松與周恩來簽署公報的地方，至今仍有國際知名度，但是同時也有蟋蟀和老鼠，甚至在第十七層樓也有。與 1933 年一樣，上海依然比北京時髦，更都市化、更成熟。外灘依然好看，各式各樣的商店依然熙熙攘攘、生機勃勃。街上隨手可買到帶有美女封面的各類雜誌，從這件事看，可以說反對資產階級自由化的運動已經減弱，至少在上海是這樣。

我們觀看了雜技團的精彩表演，包括馴虎和由一對經過高度訓練的熊貓服服貼貼地騎自行車。鑒於熊貓在美國極其珍貴，人們對利用動物作表演持反對態度，而贊成把它們放進動物園。我們只能認定保護動物權利的運動還沒有來到共產黨領導的中國。

1987 年 10 月，紐約

　　作為一個古老而自豪的民族，它以自己的方式走向共產主義—— 如他們所說的「具有中國特色的社會主義」。這是一種列寧主義與儒家學說的結合。因為儒家傳統也是專權的、等級式的、注重集體和反對個人主義的，儒家對國家和社會二者不加區分並試圖由統治者來改造被統治者的行為規範。中國能在多大程度上既發展市場經濟又仍然保持共產黨的社會制度？標準的回答依然是：只要國家掌握生產資料和分配手段，就沒有甚麼值得擔心的。但是，當人們在經營自己的農田、商店和計程車，在剛剛起步的股票市場出賣股份時，國家所有制的成長就單薄無力。一位學者這樣對我們說：「中國已經在現代化的陣痛中掙扎了兩個世紀，而現在我們仍然不知道往哪兒走。」佔世界人口五分之一的十億人，就是這樣處在過去與將來之間。

　　與此同時，中國恢復了它的身份、自豪感和力量。與 1933 年我作為一名少年去旅行時相比較，中國在 1987 年受外部世界支配的程度大大地減少了。也許到二十一世紀時，外部世界將開始受到中國的支配了。馬克·吐溫在本世紀初這樣警告過我們：「幾乎每一次皈依，都帶來了趕超我們的文明的危險，我們應該小心。當我們鼓勵出現這種危險之前應該三思，因為，一旦中國進入文明時代就再也不會回到不文明的狀態中去了。歷史與未來攜手使中國成為地球上最令人神往的、很可能是最為重要的國家。」

（原載《海外文摘》月刊 1989 年第 2 期）

訪美考察期間美國傳媒報道

按語：1981 年 11 月至 1982 年 2 月，作者與同事姚進榮應美中友協邀請，在參加由對外友協侯桐副會長率領的代表團出席美中友協全國代表大會並完成訪美行程後，繼續留在美國進行為期三個月的社會考察，主要是走訪中國人很少到訪的南方幾個州。當時，中國處於改革開放初期，中美剛建交不久，兩國關係處於「蜜月期」，無論官方或民間都希望多了解對方。因此，我們每到一地都引起較大關注與興趣，當地報紙跟蹤報道，總體客觀友好。現特選其中一些報道，將內容原文轉登，可以從側面見證八十年代初期中美兩國關係及民間交往情況。（文中部分照片是報載時原有的，其他則是當時所拍，這次出版時加上的。）

Chinese Dignitaries Arrive In Cashiers

Cashiers Chronicle   November 11, 1981

On Wednesday, November 11, two distinguished visitors from the People's Republic of China will arrive in Cashiers for a five day stay. Mr. Yao Jinrong and Mr. Li Hexie are both members of Youxie, the Chinese People's Association for Friendship with Foreign Countries, which is a people's organization aimed at promoting mutual understanding and friendship between the Chinese people and people the world over. The short visit to Western North Carolina is part of a three- month tour of the southern U.S. under the auspices of the U.S. - China Peoples Friendship Association. USCPFA has over 11,000 members in over 100 chapters all over the U.S., the volunteer members of the association are devoted to developing and strengthening friendship and understanding between the American and Chinese peoples. Local resident, Mary Dehon, is the Southern Region Coordinator for Education and Program Development for USCPFA, and as such, has been responsible for organizing the trip through the southern U.S..

Mr. Yao Jinrong graduated from Fudan University with a degree in English and special courses in the performing arts. He also read Russian Literature with a special emphasis on Chekhov. He was in the press corps when President Nixon visited China, at the time of the signing of the Shanghai Communique. Mr. Yao also served in Cairo, Egypt, as assistant to the Chinese Secretary for the Afro Asian Peoples Solidarity organization movement. He was born in a worker's family, is married and has two children, his wife works as a machine operator in a precision tools factory. Prior to the beginning of the present tour, Mr. Yao was on tour in the U.S. with the Song and Dance Ensemble of Chinese Nationalities. Mr Yao has visited the U.S. several times before.

Mr. Li Hexie acquired his degree in English from Xiamen University, and has served as an attache of the Chinese Embassy in Tokyo, Japan for over 5 years in the 1970's when he worked at the Ministry of Foreign Affairs, and he joined Youxie two years ago. Mr. Li is married and has one child, his wife works as a secretary at a foreign embassy in Peking (Beijing). This is his first trip to the U.S..

Prior to arriving in Cashiers, Mr. Yao and Mr. Li will have spent time in Mayersville, Mississippi, as guests of the mayor, and have been entertained by the governor of Mississippi. They have also stayed in Memphis, Knoxville and Chattanooga, Tennessee, and Houston, Texas, and will continue to Atlanta, Georgia, Sarasota, West Palm Beach, Fort Myers, and Miami, Florida. In Houston they attended the eighth National Convention of USCPFA, which was also attended by the vice- president of Youxie, Mr. Hou Tong and the Honorable Chai Zemin, Chinese Ambassador to the U.S..

While in the Cashiers area Mr. Yao and Mr. Li will be guests of Fairfield Sapphire Valley at the Fairfield Inn and will speak to students at Western Carolina University and at Blue Ridge School in Cashiers- Glenville. Also on the itinerary are visits to Biltmore House, a photo-taking drive through the Great Smoky Mountain National Park, a day studying the methods used at The Fairfield Inn in housekeeping, food preparation, maintenance, etc., and a look at how a small town newspaper is published. While at Blue Ridge School, the visitors will have an exhibition of clogging, and while at WCU will visit the Mountain Heritage Center, and the center for Improving Mountain Living.

In the mid-1970s, Mr. Yao served as the official guide for Mrs. Billy Graham and her sister, when they returned to China to visit their birth-place. On their way to Cashiers today, Mr. Yao and Mr. Li and Ms. Dehon will join Mrs. Graham and her sister for lunch, at the Grahams' home in Black Mountain. The purpose of their visit is to study America, and Americans, so that they and their organization will be better able to anticipate the needs of Americans traveling in China.

Picture with Mayor of Greenwood City
與格林伍德市市長在市政廳前合影

With Speaker of Mississippi State House at his cotton farm
參訪密西西比州衆議院議長（中）的農場棉花田

A warm welcome given by the Blue Ridge school of NC
訪問北卡州藍嶺中學，受到隆重歡迎

Two Chinese Honored as Sister City Plan Unveiled

By Pat Wilcox　Chattanooga Times

Two members of the Chinese People's Association for Friendship with Foreign Countries were named ambassadors of good will for the city of Chattanooga Tuesday, and a representative of the Sister Cities Association announced that the Chinese city of Wuxi has agreed to become a sister city to Chattanooga.

Li Hexie and Yao Jinrong arrived in Chattanooga last Saturday on a tour sponsored by the United States-China People's Friendship Association, a non-profit volunteer organization seeking to develop and strengthen friendship and understanding between the people of the United States and China.

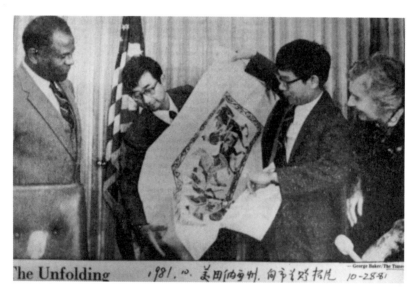

Gift exchange with Mayor of Chattanooga
向查塔努加市市長贈送禮品

At Tuesday morning's City Commission meeting, the guests were presented keys to the city and certificates naming them ambassadors of good will by Vice Mayor John Franklin.

In return, Yao and Li presented the vice mayor a beautiful stone rubbing from a "very ancient carving" depicting horsemen engaged in an ancient Chinese game akin to polo.

Jean Troy, chairman of the Sister Cities Association's China committee, told the City Commission, "How happy I am that Wuxi has indicated its desire to be a sister city or a friendship city with Chattanooga."

Yao explained after the meeting that his association coordinates the process of matching Chinese cities with sister cities in other countries. He said similarities between the cities are a prime consideration.

Wuxi, Yao said, is much like Chattanooga geographically. It has beautiful mountains and a large lake and is situated on the Yangtze River. It has fertile farmland and is also highly developed industrially, Yao said. Wuxi is known, he said, for its textile industry and is "very famous" for the silk produced there. The city has a population of 600,000 to 800,000 people, he said.

Ms. Troy and Yao said they hope to formalize the sister city relationship sometime during 1982. Ms. Troy said a packet of material about Chattanooga

Chinese Visitors　　1981年．美国田纳西州

At a Welcome Gathering of Tennessee Chapter, USCPFA (Chapter Chairperson Ms Jean Troy at right)
出席美中友協田納西分會歡迎聚會（右一為會長吉恩・特洛伊）

will soon be sent to the mayor of Wuxi with a letter from Chattanooga Mayor Pat Rose. She said she understands that the Wuxi mayor is preparing similar correspondence.

Next spring, Ms. Troy said, a delegation of Chattanooga will travel to Wuxi, and a delegation from that city could be expected to visit here before the formalization of the sister city relationship.

Ms. Troy said the Sister Cities Association here has been working toward establishing a relationship with a Chinese city for more than two years and said its persistence may be the reason Chattanooga is the first medium-size city to be accepted as a sister city in China.

Sarasota will host Chinese Delegation

By Dora Gummerson

The U.S. - China People's Friendship Association of Sarasota will play host to two Chinese men who represent a similar organization, Youxie, in their native land. Both the American and Chinese groups seek to promote a mutual understanding and friendship between peoples of either country.

Yao (pronounced Yow) Jingrong and Li (pronounced Lee) Hexie will be met at the airport on their arrival Nov.29 by the mayors of Sarasota and Bradenton and other officials. They will be presented the keys to the cities and

A visit to Tropicana Facility at Florida
參觀佛羅里達純果樂公司果汁廠

then welcomed by Winfield C. Cook, president of the local USCPFA. The men will spend a week at the Holiday Lodge on Longboat Key and will be guests in private homes.

According to Wilma Phillips of Beachaven, there will be tours of several businesses: Tropicana, Wellcraft, Aidlin Corp., Microlife Technics, plus visits to a shopping mall and grocery supermarket, as well as trips to Sarasota's cultural and tourist attractions and to an area retirement and nursing home.

They will be entertained at the Hilton by the mayor of Longboat Key, and at the Golden Apple Dinner Theater. Their last day will culminate in a lunch with the China-America Friendship group at the Golden Buddha on Saturday, Dec. 5. That luncheon is open to the public. Tickets are $6.00 and a fellowship hour is at 11; the lunch at 12. Reservations may be made by calling Mrs. William Meyers, 924-0961.

The two men will be taken on Sunday to Venice by boat by Mr. Cook who sponsored their visit here.

Mr. Yao was born in Shanghai and educated at Fudan University. He speaks English and Russian, has worked with the Secretariat of African-Asian peoples solidarity committee.

Mr. Li was educated at the Xiamen University and was affiliated with the Chinese Embassy in Tokyo Japan. His wife is a secretary in a foreign embassy in Peking. The Li's have a six-year-old daughter.

There are five members of Youxie who have been touring the United States since September. In October, the delegation split to tour regions in depth. The two covering the southern region of the USCPFA are visiting 10 cities and several rural areas.

The China Friendship group meets the third Saturday of each month at 2:30 in the music room at New College. Information may be obtained from the president Win Cook at 383-3788.

Two Peking-area men visit Fort Myers on friendship mission

By Allen Bartlett Fort Myers News-Press Dec. 8, 1981

Admiring their golden, shiny keys to the city of Fort Myers, two Peking-area gentlemen on a friendship mission to the Southern United States said they hope their visit helps smooth Chinese-American relations. The two officials of the China - U.S. Peoples Friendship Association, as part of a four month tour of American cities in the South, are in Fort Myers for three days for a cultural and information exchange. The association, which has a goal to establish friendly ties between citizens of the nations, endorses full diplomatic, trade and cultural relationships between China and the United States.

City Key Presentation at Fort Myers Florida
在歡迎儀式上接受邁爾斯堡市代表贈送城市鑰匙

Yao Jinrong, 42, and Li Hexie, 35, two delegates of the organization, were greeted Monday by Mayor Ellis Solomon, who made them honorary citizens of Fort Myers. The delegates and Solomon exchanged information about the operation of city government in their respective countries.

Yao said he and Li are visiting the Fort Myers area because other Chinese delegates haven't come here in the past. Most trips to the United States have been to cities in the East, West and Midwest, he explained.

City governments in China have more duties than those in American cities, Li said. For example, city governments in China also operate industrial development and education programs, he said.

The delegates asked about Fort Myers' industrial base, prompting Solomon to explain that "the major industry is tourism." Yao said cities in China rely on industry more than tourism, saying that some production-oriented businesses serve a secondary purpose as tourist attractions. He said another major difference he has noticed is the abundance of landscaping and natural environmental beauty in the Fort Myers area.

Solomon explained to the delegates that American cities are trying to cope with reduced federal financial help. "Washington has always been a pretty good Santa Claus, "Solomon said, "But Mr Reagan doesn't see it that way" and is cutting back on the federal money.

The delegates Southwest Florida trip also included a meeting with Ray Pottorf, superintendent of Lee County Schools, and a visit to Franklin Park Elementary. The delegates have been in the United States since Oct. 1. Other Florida stops will include West Palm Beach and Miami.

Youxie Guests Honored at Luncheon

Siesta Key Pelican Dec 17, 1981

The visit of two Chinese guests, Yao Jingrong and Li Hexie, to Sarasota, as guests of the U.S. - China People's Friendship Association, was a great success. They were very cultured and charming, said Wilma Phillips of Beachaven, who is active in the Association.

They were entertained in a variety of ways to give them a taste of typical life in this Florida city of culture.

Among them, was a dinner party in a private home on Siesta Key. Wallace and Bee Barnes invited about 10 guests to meet with them.

"It was really an international dinner," Bee said, "The cloth we used was Italian, the china French and English, the crystal Swedish, and the flowers Florida bougainvillea."

A home visit to USCPFA members at Sarasota Florida in December 1981
1981 年 12 月，筆者與同事在佛羅里達薩拉索塔市與美中友協朋友合影

"My husband and I went out on a boat at Boca Grande to a sandbar we know and gathered oysters, so they'd experience real Florida fare. Then, I served beef Stroganoff, reputed to be a Russian dish. Wallace gathered some of our own Key limes and, himself, made a Key lime pie, truly Floridian. Oh yes, with all this international combination, we had French wines."

The guests seemed to enjoy the dinner, Bee said. I wonder whether the Key limes may have been a surprise？

With the wine was a toast. "May the friendship of China and the United States last as long as the Great Wall."

With Frank Pestana, Ex-Chairman of USCPFA at his LA home (Dec. 1981)
1981 年 12 月，在美中友協前主席佛蘭克 • 佩斯塔納的洛杉磯家中

追溯中日關係的關鍵時刻

《中日和平友好條約》締結四十年，七十年代首批中國駐日外交人員李和協回顧使館初期的幹部陣容，包括陳楚、唐家璇、唐樹備、武大偉、程永華等，也追溯日軍戰犯對新中國的感念。

今年是《中日和平友好條約》簽署四十週年，9月20日，安倍如願「晉三」，以 68.5% 的支持率再度當選，成功連任日本首相，可執政至 2021 年，將成為日本在位時間最長的首相。中國呼籲日方應汲取歷史教訓，以實際行動取信於鄰國。「中日關係可謂是『機』中有『危』，喜憂參半」，國際問題專家如是説。今年 10 月下旬，安倍晉三將訪問中國。

在《中日和平友好條約》四十週年之際，上世紀七十年代首批中國駐日外交人員之一李和協先生，近日接受記者的獨家訪問。雖然已事過多年，當年一些領導人已經謝世，但李氏談起四十年前的往事，仍歷歷在目。1978 年 10 月下旬鄧小平訪日期間，《中日和平友好條約》締約雙方完成政府間換文，正式生效。同年 11 月，李和協任滿回國。當時正值中美建交前夕，從日本回來后，上級調派李到中國人民對外友好協會，參與對美民間外交工作，先後出任美國處副處長、處長，以及綜研室主任；1992

年，香港進入回歸前最後五年的「後過渡期」。同年 7 月，李又奉調到新華社香港分社（中聯辦前身）工作，作為外事部副部長及後來兼任「慶典辦」副主任，全程參與政權過渡多項籌備工作。2001 年，老領導周南社長贈送給李和協「乾坤萬里眼，時序百年心」墨寶，可謂是對當事人最生動的人生寫照。

　　李和協祖籍福建南安，廈門大學外文系畢業，1973 年初進入外交部工作。1972 年 9 月中日恢復邦交，1973 年 3 月李和協到部報到後，隨即被通知要準備去駐日使館工作。經過兩週的出國前培訓及短暫休假後，於 5 月 18 日從北京搭乘伊爾 62 專機飛

1975 年，李和協（右）與時任外交部信使呂永壽[7]攝於東京中國大使館樓前

7　呂永壽後來曾出任中國駐加納大使。

東京。「該專機是去日本接回 4 月 16 日訪日的以廖承志為團長的中日友好代表團，那也是中日邦交正常化後首個訪日的中國大型友好代表團」，李和協說。

中國駐日使館建館時，最初是租用東京新大谷飯店，1973 年 5 月李和協到達東京後，使館剛遷到位於港區南麻布使館區的一棟四層紅磚公寓裏，與西德使館為鄰。「我被安排到領事部工作，除了僑務及簽證事務外，並兼任使館領導的英文翻釋」，「中日恢復邦交後，中國政府成功收回位於港區元麻布的原『中華民國』使館產權，並在原址進行重建，成為今天中國駐日本使館館址」。

中日邦交突破

「雖然當時國內『四人幫』仍然當道，『文革』並未結束，但是外交方面在毛澤東、周恩來的親自主持下，則是捷報頻傳。1972 年中日邦交正常化是繼 1971 年中國恢復在聯合國席位、1972 年初美國總統尼克松訪華後的又一重大外交突破。這一勢頭貫穿整個七十年代，這期間與中國建交的國家達到幾十個，直到 1979 年 1 月鄧小平訪問美國，實現中美邦交正常化」，李和協說。

「在使館工作期間，與旅日華僑有較多聯絡，當時華僑人數有五萬餘人，其中約一半是台灣籍僑胞。由於建館初期我是使館

唯一會閩南話的，與台籍僑胞及台灣留日學生接觸比較多，經常
參加僑團在日本各地舉行的懇親會及與愛國留學生互動。東京華
僑總會會長甘文芳、副會長陳焜旺、黃文欽都是著名台籍愛國華
僑。意想不到的是，二十年後的 1997 年 7 月 1 日，『珠還祖國』
時刻，竟還能在香港回歸慶典活動中遇見陳焜旺先生。陳老先生
是見證香港回歸的全球華僑、華人代表之一，我當時則正參與回
歸及慶祝活動的組織工作。在這種場合下與老朋友重逢，驚喜之
情難於言表。」

中日兩國是一衣帶水的鄰邦，日本文化源自中國，但是在兩
千年的友好交往中，也有過近代日本軍國主義侵略中國不光彩的
一頁。「只有正視這段歷史，做到前事不忘，後事之師，才能架
設兩國世代友好的橋樑」，李頗有感觸地說，其實日本人民大多
數是希望日中友好，一些參與侵華戰爭的舊軍人，還成為日中友
好積極分子。「記得當時有一位北海道的農民，每年都要親自向
東京的中國大使館送上幾箱他栽種的上等鮮冬菇。究其原因，是
當年他作為日本兵在華北曾經搶掠過不少當地老百姓的家禽，現
在用贈送蘑菇來聊表懺悔之意」，李和協回憶說。

中國歸返者聯絡會

「一些曾在中國撫順戰犯管理所待過的舊軍人，回國後成立
『中國歸返者聯絡會』，為促進日中友好及反戰和平事業做了大量

工作，並多次組團訪華。1974 年，當年撫順管理所的領導隨中日友好代表團訪日，『中國歸返者聯絡會』成員還到羽田機場組織隆重迎接，場面十分感人。」

　　中日建交時，日本是除法國之外與中國有正式邦交的主要西方國家。除雙邊外交外，東京也成為多邊外交的重要場所。「我剛參加工作不久就能夠到外交第一線鍛煉，是難得的機會。令我難忘的是首任駐日大使陳楚，一位原行政八級的『三八式』老革命，參與組建外交部的老前輩，對我這個剛『入行』不久的年輕人關懷備至。在我赴日工作半年後，使館就將我的新婚妻子從冶金部調到外交部，再派到使館來。1976 年『四人幫』倒台後，陳大使出任中國常駐聯合國代表，回國後轉任國務院副秘書長、中央外事工作領導小組秘書長。後來在北京，我與妻子還去報房胡同探望過他老人家和夫人洪蘭大姐。不幸的是，老大使已於多年前去世。」說着，李和協有些唏噓。

　　離休后，陳楚繼續從事中日友好工作，致力於發展兩國關係。在日中邦交正常化二十週年之際，陳楚與趙樸初等五位長期致力發展中日友好關係的著名人士，獲得了日本政府授予的「勳一等瑞寶章」。

　　建館初期，使館幹部陣容鼎盛，參贊有米國鈞、李連慶、蕭向前、葉景灝等。當時的使館一秘唐家璇、楊振亞、唐樹備，後來分別擔任國務委員兼外長、駐日大使、國台辦副主任。與我們同時期的武大偉後來就任副外長，現任中國駐日大使程永華比我們年輕，記得當時他是從創價大學直接轉到使館工作的。

　　1978 年 10 月 22 日至 29 日，鄧小平副總理率團對日本進行正式友好訪問，成為首位訪問日本的中國領導人。10 月 23 日上午，《中日和平友好條約》批准書互換儀式在日本首相官邸舉行，中國國務院副總理鄧小平與日本首相福田赳夫出席，中國外長黃華和日本外相園田直分別代表本國政府簽署了《中日和平友好條約批准書》的證書，互換了批准書正本，《中日和平友好條約》宣告生效。鄧小平訪問日本引起國際社會高度關注，也將中日關係推向新的高度，在其後的整個七、八十年代，中日之間在政、經、人文等方面往來也進入高潮。訪日期間，鄧小平還參訪了新日鐵、松下、日產汽車等公司，足跡遍及東京、京都、奈良及大阪。

　　訪日期間，鄧小平副總理和夫人卓琳、廖承志會長和夫人經普椿、黃華外長和夫人何理良一行，在符浩大使和夫人焦玲的陪

1978 年 10 月鄧小平夫婦訪日期間，與廖承志、黃華夫婦等到中國使館看望使館人員，第四排左五為李和協，第三排左二為後來出任副外長的武大偉，第一排左三為李和協的夫人宋韻芳，第一排右一是後來出任中國駐日大使的程永華，右三為後來出任中國駐長崎總領事的李文亮

同下，還專程到使館看望全體工作人員，並合影留念。「小平一行是晚上到達使館的，由於當時使館裏沒有合適的大廳，照相在食堂進行。我們將桌椅移到一邊，以另一面白牆為背景，分兩批與領導人合影。由於空間不夠高，在領導人面前還席地坐了一

2012 年，李和協與妻女到東京旅行，到訪中國大使館新館並留影

排，席地而坐的也包括程永華。」

安倍晉三成功連任後，在獲勝後的演講中表明：「我將開始修改憲法。」中國外交部發言人耿爽表示，期待安倍繼續重視中日關係，推動兩國關係不斷改善發展。但在修憲的問題上，中方希望日方能夠深刻汲取歷史教訓，恪守承諾，堅持走和平發展道路，以實際行動取信於亞洲鄰國和國際社會。北京和東京傳出消息，安倍會在今年 10 月 23 日抵達北京對中國進行訪問，這將是近七年來日本首相首次訪華，上一次是 2011 年 12 月，前首相野田佳彥到訪。消息說，安倍訪華會出席一系列活動，行程約三天兩晚。

中日關係的機遇之年

這次安倍訪華是近期中日兩國關係改善的延續。近年來，中日兩國關係爭拗不斷，曾一度劍拔弩張。兩個世界主要經濟體和大國水火不容，有悖兩國人民的根本利益，不符合國際形勢飛速變化的需要，雙方皆有改善關係的願望，並把今年定為中日重返正軌的「機遇之年」。未來，安倍將是左右中日關係走向的關鍵人物。

（原載香港《亞洲週刊》2018 年第 40 期，記者楊柳）

第二章

紀念香港回歸二十五週年
（新華社香港分社 1992-1999）

我在外事部的那些日子
—— 記原新華社香港分社的外交職能

　　紫荊按語：作者曾於回歸前擔任新華社香港分社外事部副部長，在回歸過渡期，負責和參與了當時我方與港英政府雙邊事務工作、協調兩地建立聯絡機制，以及回歸慶典籌備工作。今年適逢香港回歸祖國二十五週年，我們將作者的工作故事集結發表，為那個時代留下生動的歷史註腳。

新華社香港分社舉辦國慶四十五週年酒會上，港英政府副政治顧問艾士誠（中）及夫人（左一）與外事部官員合影（右二為筆者）

1990 年初，中央任命原外交部副部長周南為新華社香港分社社長。同年 4 月，全國人大通過了《中華人民共和國香港特別行政區基本法》，標誌着香港回歸祖國進入了後過渡期。周南社長到任後，根據形勢發展需要，先後從外交部系統和省市外辦抽調了一批幹部充實分社外事部的力量，將擔任過泉州市市長的原外交部幹部陳榮春調來出任外事部部長，將原外交學會副秘書長楊友勇調任外事部副部長。當時我在全國對外友協任綜研室主任，也於 1992 年 7 月調到外事部，開始時任一處處長。原外交部西歐司參贊朱昌年 1993 年調來接替退休的司徒強副部長。不久後陳榮春出任中英土地委員會中方首席代表，由楊友勇接任外事部部長，筆者亦於 1994 年初任外事部副部長。此後外事部基本架構再未改變過，直到回歸後中央在港設立外交部駐港特派員公署，外事部完成歷史使命。

從外交層面保證平穩過渡

作為分社的外交職能部門，外事部的日常工作由張浚生副社長分管，重要政策和外交活動由周南社長直接掌握和參與。記得在 1993 年初的一次講話中，周社長特別提到，今後主要是外交鬥爭，要從外交層面保證平穩過渡。周社長是中英關於香港問題談判中國代表團團長，代表中國草簽了中英聯合聲明，對香港問題有深入了解。在後過渡期那幾年，周社長在香港會見了從撒切

爾夫人到英國國會議員、勳爵等許多外國政要，做了大量工作。同時，也做了一些非建交國家的工作。1995 年 7 月，周社長會見了巴拿馬外長和駐港總領事，後並安排巴拿馬特使訪華。不久後，中巴簽署了建立貿易發展辦事處的協定。張副社長分管的部門較多，又是分社的新聞發言人，處於外交第一線。當時在港的外國領事館對於「過渡 97」很是關心，張副社長經常參加領團的外交活動及會見駐港外國總領事，有一次國務院港澳辦主任魯平訪港，張副社長與魯主任邀請 20 多位總領事共進早餐，回答了他們所關心的問題。

外事部共有三個處：一處負責所有與港英政府政治顧問處及其他各部門有關的雙邊事務；二處主要聯絡駐港外國領事館、國際組織及外國記者；三處主要負責調研工作及聯絡外國商會，

1996 年 11 月 29 日，新華社香港分社副社長鄭國雄（第一排左五）會見並宴請即將赴京的港府公務員清華培訓班學員（第一排右一為筆者）

以及承擔分社的英文翻譯任務。各處相互支援，必要時人力統一
調配。我主要負責對港英政府這一塊，昌年兄主要負責二處和三
處的工作。外事部與中英聯合聯絡小組中方代表處及外交部簽證
處也有密切聯繫。外事部部長是中英聯合聯絡小組中方代表之
一，1994至1997年中方首席代表為趙稷華大使，成員包括國務
院港澳辦司長陳佐洱、分社外事部部長楊友勇和外交部參贊王維
揚等。筆者則作為專家組成員參加過包括出入境及居留權、越南
船民遣返、政權交接儀式等專家小組會議。根據需要，我部陳國
平、束建平等也參加過一些專家小組會議。

重要對口部門是「政治顧問處」

　　外事部的一個重要對口部門是港英政府「政治顧問處」，其
印章為「總督政治顧問」（Political Advisor to the Governor），是港
英政府的核心部門。該處主要官員均從英國外交部調配，香港回
歸之前幾年的兩任政治顧問分別為歐威廉和畢瑞博，副政治顧問
為柏聖文和艾士誠，另加幾位助理政治顧問。港英政府政治顧問
是中英聯合聯絡小組的英方代表，香港回歸後歐威廉曾出任英國
駐華大使，柏聖文擔任過英國駐香港總領事。當時本地公務員劉
應彬、鍾小玲等當過助理政治顧問。

　　外事部與政治顧問處交涉的事項涵蓋範圍比較廣，除政治、
外交、安全事務外，還包括出入境管理、海上緝私、海域管控等

具體事項。重要外交、政治與安全事務的交涉，由外事部部長或副部長與港英政府政治顧問或副政治顧問之間進行，大量事務性交涉由處、科級同事與對方助理政治顧問進行。涉台問題是政治交涉的一個重要方面，交涉內容包括政府官員訪港及在港親台勢力的活動，也包括港台間一些涉及過渡到回歸之後的業務協定。涉台交涉內容一般由外事部和台灣事務部商定。由於我方的交涉，港英政府不得不對台高層人員來港有所節制。例如，1996年8月台行政院僑務委員會委員長祝基瀅高調來港活動，有違「一個中國」原則，在我方嚴正交涉下，港英政府不得不承認其活動出格。不久後政治顧問處通知我方，作為懲戒，取消了台「陸委會主委」張京育的訪港許可。保證我社和中資機構的安全也是重要交涉事項，尤其是國慶或一些特殊日子，「支聯會」、「四五行動」等反動組織常來我社門外示威，有時甚至「安營紮寨」，賴着不走。港英政府雖派有警力戒備，但常無視我方一再交涉，遲遲不予清場。個別情況下，也曾通過外交部向英國駐華使館提出交涉。當時的「長毛」（梁國雄）、「阿牛」（曾健成）等「示威專業戶」，在香港回歸後仍不斷鬧事。粵港之間的邊境突發事件，一般通過雙方邊境聯絡官處置。政治顧問處也不時就出入境管制、海域管控、港人在內地突發事件等向我方交涉。尤其在海域管控方面，我邊防快艇夜間追捕走私船，由於海域不像陸地有清楚界限，難免偶爾誤入對方水域。港英政府會以「公安越界執法」為由向我方交涉，有時候還通過傳媒宣揚，給我方造成壓力。對此，我們在據理反駁的同時，也將情況反饋給相關部門。

　　滯港越南船民遣返也曾是中英重要外交議題，焦點是港英政府應當在政權移交之前解決此事，不可將包袱甩給特區政府。分社領導還為此會見過來港訪問的聯合國難民事務高級專員緒方貞子。1996 年 4 月，港英政府曾以越南方面拒絕接收為由，就地釋放了 214 名船民，為此我方向港英政府表達了嚴重關注。當時「公民力量」的沙田區議員劉江華，曾以越南船民關注組的名義找過我們，反映白石船民營問題。遺憾的是，船民問題一直拖到香港回歸兩年後才基本解決。

　　在對外交涉中，既要堅持原則、據理力爭，也要講究策略。有些個案通過場外互動，也能有助於問題的解決。雖然鬥爭複

筆者（左二）應邀出席港府人民入境事務處新年聚會，右二為時任入境處副處長李少光

雜，外事部與港英政府政治顧問處尚能維持正常工作關係。末任
政治顧問畢瑞博，於 1997 年 6 月 3 日在「香港會」設午宴，向我
外事部官員辭行。楊友勇部長率朱昌年、李和協副部長和束建
平處長、張勵嫻副處長等應邀赴會。席間，畢瑞博頗有禮貌地提
議，為香港的未來乾杯！對我們來說，還要為英國殖民統治的即
將結束而乾杯！

兩地官員互訪是重要交流項目

　　不僅是政治顧問處，當時港府的部門高官也多從英國調派。
港英政府對本地公務員原先管制很嚴，不允許到中國內地旅行，
後來則要經過嚴格審查。只是在香港回歸中國已成定局後，港英
政府才開始任命本地公務員進入政府高層。1993 年 7 月，副公
務員事務司夏秉純向我們介紹了「公務員本地化計劃」。之後港
府高級公務員與我們互動就比較多，並舉行過幾次副司級公務員
的聚會。雙方並就在清華大學設香港公務員國情培訓班事宜進行
合作。該項目由綜合辦公室具體負責，外事部提供協助。香港回
歸後該項目繼續進行。除本地公務員外，外籍公務員協會也要求
到內地大學培訓，我們同樣予以支持。我曾專程到廣州中山大學
商討具體課程。首期培訓於 1996 年 3 月 4 日在中山大學開班。
當時的外籍公務員協會會長、副庫務司盧維思曾多次反映他們對
回歸後職業前景的擔憂。事實證明這種擔憂是多餘的。盧本人在

香港回歸後擔任過投資推廣署署長，工作到退休。盧後來還領取特區護照，放棄英籍加入中國籍。

　　組織兩地官員互訪，是回歸前的重要交流項目，原來也由政治顧問處負責。在回歸前兩年，港英政府將這部分工作轉由憲制事務科與外事部對口負責。原則上雙方每年各派四個團，由司局級官員帶隊，分別來自不同部委，約逗留一週。除此之外，我方還應港方要求，安排不少專業團組到內地考察訪問。內地重要團組訪港期間，港府會安排到不同部門訪談，並考察一些具體項目。筆者曾多次陪團走訪。回歸前的這些交流訪問，對於加強兩地官員的相互了解是很有好處的。訪問團的一項重要行程，是會見布政司陳方安生，聽取港府架構及運作介紹。每次講到最後，陳太總要誇耀一下公務員是如何的「高效廉潔」，認為這一切得益於英國的文官制度，得意之情躍然臉上。

邀請港督出席國慶招待會

　　當時各國駐港總領館、商會對「過渡97」的事很關注，外事部與這些機構也有不少交往，經常參加領團的活動。美國「獨立號」航空母艦（現已退役）1993 年 12 月在香港停靠，應美駐港總領館邀請，我們曾安排分社同事上艦參觀。外事部也協助內地單位，組織領事官員去廣東參訪。港府禮賓處每個季度都會給我們發來駐港領事機構和國際機構的最新名錄。外事部有個合作單位

「馬可波羅俱樂部」，主要由商會成員組成。我們經常以其名義安排晚餐會，出席者包括政、商、學界中外人士。每次邀請一位主講嘉賓以英文作演講，主題多與香港回歸有關，記得演講過的人士有杜葉錫恩、簡福飴、譚惠珠等。在香港回歸前安排這樣的活動，加強與各界的溝通，很受歡迎。

　　在新華社香港分社的外事交往中，邀請港督出席國慶招待會是一項重要活動。自從港督麥理浩 1978 年首次出席新華社香港分社舉辦的國慶招待會、事實上承認新華社香港分社是中國政府的代表機構之後，港督出席我方國慶酒會成為慣例。外事部通常在節前，就我方機構的國慶安保問題向政治顧問處作一次交涉；在國慶招待會前一、兩天，與對方交換周南社長與港督彭定康在招待會上的致辭稿；在招待會當天，由外事部部長在會場入口處，迎候並引導港督入場與周社長等領導見面。一般來說港督在酒會致辭後，再逗留交談幾分鐘就會離場。彭定康推出「三違反」的政改方案後，儘管外交上鬥爭不少，基本禮儀還是維持的。比如荔枝上市時，周社長送荔枝的名單上會有港督。有一次彭定康生病住院，周社長也轉達過對他的問候。此外，警務處處長李君夏及其繼任許淇安，均會在年底致函周南社長，報告當年香港的治安情況，周社長也都有覆函。基層交往方面，外事部官員經常應邀出席紀律部隊的檢閱典禮，以及一些港府部門的聖誕新年聚會。我們還組織過分社與港府入境處的足球及乒乓球友誼賽，筆者曾當過乒乓球賽的分社領隊。

　　應該可以說，香港回歸之前幾年，分社外事部在配合及執行

中央對英國及港英政府的外交方略方面做了許多工作，也得到了領導的充分肯定。對外交部駐港特派員公署有關條例的制定，外事部參與過討論。對港英政府的一些機構設置，例如政治顧問處、中央政策組，乃至港英政府的「政治部」，回歸後特區政府是否應當沿用，當時內部也有研究討論。總的看法是應當保留沿用，這與「一國兩制」並無衝突。外事部曾就特區政府設置政治顧問處一事形成過書面建議。後來據悉，此事要留給特區行政長官決定。特區政府成立后，似乎只有中央政策組得以保留。

（本文作者曾於上世紀七十至八十年代在外交部和中國人民對外友好協會工作，1992 年至 1999 年在新華社香港分社工作，曾任分社外事部副部長）

（原載《紫荊》雜誌 2022 年 2 月號）

憶回歸前香港與內地的
聯絡合作機制

　　紫荊按語：原新華社香港分社外事部的一項重要職能，是對香港與內地，尤其是粵港之間大量涉及雙邊的事務發揮聯絡、協調功能，並在必要時起「把關」作用。本文作者曾於回歸前擔任新華社香港分社外事部副部長，今年恰逢香港回歸祖國二十五週年，我們通過作者對自己工作經歷的憶述，回顧那段特殊歷史時期香港與內地的業務聯絡合作機制及情況。

　　有關資料顯示，新中國成立後，粵港之間就通過邊境聯絡機制及「口頭協定」等方式處理涉及雙邊的事務。粵港間的首個官方協議是 1960 年 11 月 15 日簽署的關於深圳水庫向香港供水的協議，由寶安縣委書記以寶安縣人民委員會代表的名義與港英當局代表、港英政府水務局長簽署。

　　隨着上世紀八十年代中國改革開放，內地與香港的交往迅速增加，原新華社香港分社（下稱分社）所發揮的作用也大為增強。期間，中央多次發文強調，在香港回歸之前，內地與港英政府的交往均屬涉外事務，應按外事工作規範處理。不僅我方，英方也是如此。直到回歸前一兩年，在港英政府與我方的所有重要

參加第十七次粵港邊境聯絡工作會議部分代表合影（右起：廣東省公安廳副廳長張聖欽、廣東省外辦主任巢振威、港府憲制事務司吳榮奎、入境事務處處長葉劉淑儀，以及新華分社外事部副部長李和協）

會議或談判中，其負責人基本上都是政治顧問處官員或部門英籍官員。雙方的業務聯絡合作機制內容廣泛，既有綜合性的粵港邊境聯絡工作年會，也有不同界別的專題會議，涵蓋司法互助、海關、出入境及內地居民「香港遊」管理、核電應急、水務、過境交通等多方面內容。香港回歸之後，除了「香港遊」管理逐漸演變為「自由行」外，其他各方面的聯絡合作按新的體制繼續保留並發展完善。

粵港邊境聯絡工作

粵港邊境聯絡工作年會是兩地間最重要的綜合性會議，從

1981 年開始，每年年初召開一次，對前一年業務聯繫情況進行總結，輪流在兩地舉行。

以 1993 年 1 月 18 日在東莞召開的第十三次邊境聯絡工作會議為例。當時港方代表團以政治顧問歐威廉為首，成員包括入境處、保安司、運輸司、海關、警務處等部門官員。粵方代表團以省外辦主任黃羣為首，成員包括省公安廳、省外辦、省邊防局、海關廣東分署等部門官員以及粵方邊境聯絡官等，筆者作為分社外事部代表出席。雙方分別回顧了過去一年的聯絡工作情況，一些統計數據基本上大同小異，例如邊境聯絡官約見 160 多次，安排專題會談 12 次，旅客通過量 4,000 多萬人次，汽車通過量 500 多萬架次等。

雙方主要對上一年中出現的問題進行討論磋商，會議內容都比較務實，主要議題包括：一是走私與執法，包括合作打擊海上走私與跨境犯罪、情報交換、海域管理等事項，港方尤其關注汽車被竊走私內地銷贓問題；二是出入境管理，包括單程證、雙程證管理，內地勞務及漁工簽證，偽造證件及非法入境，以及各口岸延長開放時間等問題；三是過境交通，主要涉及延長落馬洲、文錦渡客貨車過境時間，不同口岸過境車執照分配及每車司機配額，粵方在會上提出希望允許內地左軚車在港行駛問題；四是有關大亞灣核電應急、供水、排污、環保等議題，以及深圳河治理和粵港邊界管理線談判等事項。

香港回歸之前的最後一次邊境聯絡工作會議（第十七次會議）於 1997 年 1 月 26 日在廣州舉行，港方由憲制事務司吳榮奎

1994 年 5 月 12 日，第十二屆粵港海關業務聯繫年度會議在廣東湛江舉行

領隊，入境事務處處長葉劉淑儀、副保安司尤曾家麗等參加。粵
方由省外辦主任巢振威領隊，省公安廳副廳長張聖欽、公安邊防
局局長林傑元及省外辦副主任肖錦哲等參加。

粵港海關聯絡機制

　　兩地海關間的正式聯絡機制，隨着 1983 年廣東海關代表團
首次訪港而建立起來。其後每年舉行一次業務聯繫會議，在兩地
輪流舉行。以 1994 年 5 月 12 日在廣東湛江舉行的第十二屆粵港
海關業務聯繫年會為例，當時港方由海關總監尉遲信帶領，助理
總監李偉民及調查局局長區汝良等出席，粵方由海關總署廣東分

署主任兼廣州海關關長劉文傑率九龍海關[1]關長慈龍胤、廣東分
署處長周德威等參加。

　　會議對過去一年的業務交往合作進行了回顧。據有關統計，
雙方聯絡員會晤 6 次、交換情報資料 500 多份，通過電話處理事
務 450 次。人員交往方面，粵方派員來港參加緝毒調查研討會，
香港海關也組團到廣州及九龍海關參訪。緝私合作成果方面，雙
方互通情報數十起，查獲包括香煙、家電、毒品等走私貨品，價
值數億元。雙方並就在口岸安裝 X 光檢查設備，以及在打擊走
私香煙、鐳射唱片等方面加強合作，進行了深入探討。

粵港司法合作交流

　　自 1987 年建立的廣東省人民檢察院與香港廉政公署的個案協
查合作機制，開啟了兩地間的司法合作交流。基本做法是：由最高
人民檢察院授權，廣東省人民檢察院成立個案協查辦公室，負責處
理內地各省的涉港案件。個案協查辦通過分社外事部向廉政公署
轉交需要請港方協查的司法案件，分社外事部將協查情況反饋給廣
東省檢察院。期間，雙方也有不少人員互動，例如廣東省檢察院檢
察長王駿與港府廉政專員施百偉的互訪，以及雙方官員到對方考
察、培訓、業務交流等。廣東省個案協查辦主任吳偉亮和檢察員

1　編註：深圳海關的前稱。

1995 年 3 月 30 日，參加檢察機關個案協查工作座談會代表合影

陳茵苗、陳志強等來港辦理業務（通過港英廉政公署會見證人等），
經常到分社外事部走一走，溝通一下情況，雙方配合比較順暢。

　　1995 年 3 月，內地檢察系統在廣東汕頭召開涉港澳及周邊
地區個案協查座談會，最高人民檢察院副檢察長梁國慶、廣東省
檢察院檢察長王駿以及有關省市的檢察機關負責人出席。廣東省
個案協查辦主任吳偉亮報告了與香港廉政公署開展個案協查合
作的情況。梁國慶、王駿也分別講了話。梁國慶說，八年來辦了
200 多個案子，包括大案要案的追贓取證，值得肯充分定；涉外
協查關係到我國法制的發展，要充分利用已取得的經驗，發展與
其他國家以及兩岸的案件協查；個案協查案情敏感，政治性、業
務性強，要加強領導，嚴格執法，要通過合適的渠道進行。王駿

1995 年 5 月，第六次內地居民「香港遊」總結會議在上海舉行，圖為會議代表合影留念

強調，政治大氣候不可能對個案協查工作沒有影響，要用好現有渠道，多做少說，深入做好工作。筆者作為分社外事部的代表，也就一些情況談了看法。對於與港英廉政公署的合作，會議強調要有清醒的認識，並希望廣東省檢察院對港澳回歸後個案協查工作如何開展做一些研究探討。

「香港遊」管理工作

對內地居民「香港遊」實施配額管理，也是需要雙方協調的

民生項目。隨着中國實施改革開放、深圳等經濟特區的建立以及生活的改善，許多內地居民希望走出去看一看，尤其是鄰近港澳的居民，這個願望更為迫切。為此，內地居民「香港遊」計劃於1983年啟動，最初由粵海集團的廣東旅遊公司發起，以組織廣東居民到香港旅遊為主。隨後中旅集團的香港中國旅行社加入，其他省市居民也可以來港旅遊。後來，又批准華閩集團的華閩旅遊公司加入，用於組織福建省居民來港旅遊。當時內地居民境外旅遊是新鮮事物，加強組織管理，預防旅客境外違法行為或滯留不歸，保證整團來回，是項目健康發展的前提。為此雙方同意，由分社外事部牽頭，每兩年召開一次「香港遊」總結會議。與會港方官員最初由副政治顧問率領，後改由入境處副處長帶領，憲制事務科和保安科參加。我方則由分社外事部副部長率廣旅、中旅和華閩旅遊三家旅行社負責人參加。會議主要內容是對過去一年「香港遊」計劃執行情況進行總結，對存在的問題進行討論分析，以及對下一年度「香港遊」團數、人數、出入口岸等配額作出安排。根據需要與運營情況，絕大多數配額分配給中旅和廣旅兩家公司。筆者代表分社外事部率三家公司參加了1995年5月在上海和1997年4月在南昌召開的「香港遊」總結會議。時任入境處副處長李家強率港方人員參加了在上海的會議，李少光副處長等參加了在南昌的會議。

分社外事部參與的其他項目

除上述外，特區護照樣本設計、單程證管理及粵港邊界管理線談判等，也是分社外事部參與執行並協調的項目。

香港特區護照的設計工作屬於中國主權範圍內事務，需要在香港回歸之前完成。當時國務院港澳辦牽頭成立了特區護照專家小組，成員包括國務院港澳辦政務司錢力軍、外交部領事司魏瑞興、公安部出入境管理局一位副局長，筆者作為分社外事部代表參加。時任國務院港澳辦副主任王鳳超多次召集專家組開會，就護照顏色、封面及內頁設計、文字措辭及防偽措施等進行討論。專家組於 1994 年 3 月考察了聯合出版集團位於新界大埔的中華商務聯合印刷公司，並於 1995 年初確定由該公司印製。鑒於回歸之後香港特區護照將由香港特區政府發放與管制，專家組關於護照的設計意見通過分社外事部多次與港府入境處溝通，並徵求意見。1995 年 10 月，香港特區護照（樣本）成功出廠，並由護照設計專家小組接收。1996 年 1 月，中英雙方就香港特區護照的簽發事宜達成一致，中方代表陳佐洱與英方代表包雅倫分別在協議上簽字。

自 1982 年開始，內地居民移居香港，通過簽發「單程證」進行管理，具體由港府入境處與國家公安部出入境管理局協商執行，並作為粵港邊境聯絡年會的一項內容進行回顧總結。有關單程證配額變動及管理，港英政府先通過政治顧問處向分社外事部提出，分社外事部轉報國家有關部門。1995 年 4 月，港英政府

副政治顧問約見分社外事部副部長，並提交書面說帖，提出為了使得按基本法規定、回歸後有資格來港定居的港人在內地子女有序來港，決定自當年 7 月開始，將每天 105 名的單程證配額增至每天 150 名。所增加 45 名配額中，30 名分配給港人在內地子女，15 名分配給已輪候 10 年以上的港人在內地配偶。港方並對來港子女的年齡和來港時間段提出建議，以便與香港學校的招收能力相配套。若持單程證來港人數在某一時段超標較多，港方也會向我方反映，要求改正。在向有關部門求證協商後，我方作出回覆。有些政策變動，港方直接通知分社外事部。1996 年 4 月，入境處向我部發函，宣布從當年 5 月 1 日始，持單程證來港人士在首次入境時，將一次性獲得為期七年的居留期，而不是像以往那樣，在成為永久居民之前，需要辦理三次延期居留。

　　在粵港邊界管理線談判中，分社外事部也起到信息互通與協調的作用。該項談判後期，由港英政府副政治顧問艾士誠與廣東省外辦副主任肖錦哲作為雙方談判代表。邊界劃線還與深圳河治理相關問題結合起來討論，1996 年 8 月，分社副社長張浚生會見由劉成相司長率領的國家統計局訪港官員團時，還談到粵港邊界談判中的地圖測繪問題。在談判中港方曾向粵方提出，在陸地邊界劃線方面可適當讓步，但在海域方面希望給港方多留出些空間。1997 年 1 月，粵港雙方在深圳草簽了邊境管理範圍備忘錄，隨後港方即召開記者會，公布有關情況及細節。1997 年 5 月，國務院常務會議通過了《中華人民共和國香港特別行政區行政區域圖》，並於香港回歸當日，以國務院令第 221 號予以公布。

以上為港英政府時期，香港與內地的業務聯絡合作機制及情況簡介。香港回歸之後，特區政府設置政制及內地事務局，按照「一國兩制」、「港人治港」、高度自治原則，統籌負責與中央和地方政府部門的工作聯繫。

（本文作者於 1992 年至 1999 年在新華社香港分社工作，曾任分社外事部副部長）

（原載《紫荊》雜誌 2022 年 4 月號）

香港回歸慶典籌備工作側記

紫荊按語：本文作者 1992 年至 1999 年在新華社香港分社工作，曾任分社外事部副部長，香港回歸時擔任新華分社香港回歸交接儀式領導小組辦公室副主任，參與了回歸慶典幾場大型活動的籌備工作。為紀念香港回歸二十五週年，我們將其工作故事發表，以饗讀者。

政權交接儀式是所有慶典的重中之重，圖為 1997 年 7 月 1 日凌晨，香港政權交接儀式現場

中籌委辦及慶典辦負責籌備回歸慶典

　　原新華社香港分社（分社）外事部結束其歷史使命前的最後一項任務，是參與香港回歸政權交接儀式安排的談判和慶典活動的籌備工作。在回歸前幾個月，上級領導根據籌備工作需要，統一調配人力資源，外事部同事在保證本部工作的同時，也參與到各方面籌備工作。楊友勇部長作為中英聯絡小組中方代表，參與了中英關於政權交接談判的全過程。筆者也參加了中英聯絡小組專家組關於交接儀式及場地的談判，但主要工作是在中央香港回歸及慶祝活動籌備辦公室（中籌委辦）和分社領導下，與港府交接儀式統籌處接洽及協調與政權交接有關的幾場重要活動的安排事宜。

　　為籌備回歸大典，中央政府於 1995 年 5 月成立了以國務委員兼國務院秘書長、中央政法委副書記羅幹為主任的「香港回歸接收儀式及慶祝籌備委員會」，籌委會副主任有何椿霖、胡光寶、束懷德、王英凡、王鳳超、張浚生、張百發、程建寧，委員包括鄭義、李樹文、曾建徽、田期玉、陳雲林、朱育誠、王啟人等18 人。籌委會設宣傳及安保小組，曾建徽兼宣傳組組長，王鳳超兼副組長；束懷德兼安保組組長，王富中、田期玉、朱育誠兼副組長。時任國務院副秘書長李樹文兼籌委會辦公室主任，後來統稱為中央香港回歸及慶祝活動籌備辦公室。

　　新華社香港分社處於第一線，在上級領導下，也成立了以袁鵬雁秘書長為主任的香港回歸交接儀式領導小組辦公室（慶典辦），慶典辦副主任分別由辦公廳副主任劉克全和時任外事部副

與回歸大典有關的大型活動主要有四場：香港回歸政權交接儀式、香港特區成立暨特區政府宣誓就職儀式、香港特區成立慶典以及大型慶祝酒會，圖為相應的請柬

部長的筆者擔任。劉克全主要負責後勤及接待中央代表團方面工作，筆者主要負責就回歸大典等重要活動與港英政府對口機構的聯絡接洽及協調工作。中籌委辦主任李樹文和國務院秘書一局局長徐紹史等來港後，分社慶典辦同時在中籌委辦領導下工作，並分為聯絡及禮賓組、新聞組和安保警衛組三部分。聯絡及禮賓組由徐紹史負責，筆者任副組長，該小組下設「名單請柬組」，成員包括新華社香港分社、國務院港澳辦和外交部的同志，由筆者和國務院港澳辦副司長周波作為小組召集人。分社慶典辦的林水福、蔡文豐、黎寶忠，國務院港澳辦的葉宣、陳山玲，外交部的

陳山民以及分社辦公廳多位同事參加了名單組的工作。

政權交接儀式是所有慶典的重中之重

　　與回歸大典有關的大型活動主要有四場，即 1997 年 6 月 30 日晚 23:30 在香港會議展覽中心大會堂，由中華人民共和國政府與大不列顛及北愛爾蘭聯合王國政府共同主辦的香港回歸政權交接儀式；7 月 1 日凌晨 1:30 在香港會展中心七層三號大廳由中華人民共和國國務院主辦的中華人民共和國香港特別行政區成立暨特區政府宣誓就職儀式；7 月 1 日上午 10:00 在三號大廳由新成立的特區政府舉行的香港特別行政區成立慶典，以及當天下午 16:00 由特區政府在會展中心大會堂舉行的大型慶祝酒會。

　　政權交接儀式是所有慶典的重中之重。儀式安排的框架與細節通過中英政權交接專家小組談判達成，期間外交部禮賓司副司長安文彬、外交部港澳辦副主任王桂生專程前來參加。英方開始時提出，政權交接儀式與駐軍換防儀式均在中環海濱露天舉行，即所謂「添馬艦方案」。其意圖是邀請盡可能多的國際嘉賓出席，搞所謂「光榮撤退」。該提議理所當然被我方否決。在交接儀式主席台的安排上，英方曾提出要安排國際嘉賓上主席台，我方亦未予同意。當然，在一些細節安排方面我方也有所讓步。雙方從 1996 年 1 月開始談到 1997 年 4 月，才就交接儀式安排基本上達成一致。政權交接與軍隊換防交接儀式分開舉行，政權交接儀

1997 年 4 月 29 日，國務院港澳辦副主任王鳳超看望慶典辦工作人員（前排左起：劉克全、袁鵬雁、王鳳超、趙秉欣、李和協）

式在新建的會議展覽中心大會堂舉行，軍隊換防儀式在添馬艦舉行。事實證明這樣安排是很明智的。6 月 30 日晚，儘管外面風雨交加，會展中心大會堂內燈火輝煌，政權交接儀式順利進行。而在添馬艦的活動以及此前英方在港督府的告別式均在雨中進行，又是另一番景象。

錢其琛副總理赴深指導慶典籌備

　　1997 年 4 月 18 日，香港特別行政區籌備委員會主任委員、國務院副總理兼外交部部長錢其琛在深圳召開中籌委辦工作會議，出席會議的有羅幹、曾慶紅、周南、胡光寶、束懷德、王鳳超、張浚生、李樹文、朱育誠等中籌委辦負責同志。徐紹史在會

議次日向慶典工作班子做了詳細傳達。在會上做匯報及請示的有趙稷華、王鳳超、束懷德、曾建徽、張浚生、李樹文等。中英聯絡小組中方首席代表趙稷華匯報了與中英交接儀式有關的一系列安排，包括雙方邀請出席交接大典的嘉賓、主席台座次及講話安排、儀仗隊、6 月 30 日英方晚宴、交接儀式後英方人員撤離事宜，以及 7 月 1 日下午外交部特派員公署開署儀式等事項。王鳳超就香港特別行政區成立暨特區政府宣誓就職儀式安排做了匯報，包括儀式名稱、主持人、主席台安排、儀式程序和講話次序、分批宣誓就職方案及監誓人，以及就職儀式後中央領導會見特區主要官員安排等。束懷德匯報了安全保衛方面的事項，包括建議成立內部指揮系統、將綜合指揮中心設在華潤大廈 50 層、與港府及候任特首班子的聯絡、及早確定中央代表團及觀禮團名單，以及一些技術方面的事項。曾建徽匯報了傳媒採訪、報道、電視訊號傳送以及設新聞發言人方面問題。張浚生對會場布置等作了補充，並匯報了 6 月 30 日晚組織市民歡迎人民解放軍進駐香港及與深圳方面的銜接等。會議對有關事項進行了討論，並作出一系列重要決定，為各專題小組下一步工作提供了根本依據。徐紹史還轉達錢副總理的口信說，他到前方來，也是要為籌委辦的同志起到打氣和鼓勵的作用。其後，中籌委辦前方領導和分社領導又多次在分社和深圳貝嶺居與慶典工作班子開會，研究解決各項具體問題。

交接儀式嘉賓由中英平分邀請

邀請哪些人出席慶典，是回歸籌備的重點環節。名單請柬組在中籌委辦和分社領導下，負責具體執行。中英交接儀式由中英兩國政府共同主辦，儀式規模約 4,000 人。主要嘉賓名單通過中英聯合聯絡小組交換，雙方各提出 1,600 人，可分次補充、增加或更改。雙方將擬邀請的國際和對方國家的嘉賓，以及香港的嘉賓名單提交給對方，因重疊而空出的名額再進行平分。我方邀請出席中英交接儀式的香港各界人士約 800 多人，包括港府署處長級以上官員、行政會議成員、臨時立法會議員、港事顧問、特區籌委會預委會成員、港區全國人大代表及全國政協委員，以及其他重要人士。我方出席人士除中央政府代表團和由中央和各省市代表組成的觀禮團外，還有候任特首董建華提議出席的人員，來自世界各地的華僑華人代表，台灣同胞代表，在港中資機構負責人，新華社香港分社及在港的國務院港澳辦、外交部和有關部門副局級以上官員及相關工作人員。其中華僑華人代表來自東南亞、北美、英國、日本等三十多個國家和地區，主要由國務院僑辦商有關駐外使館提出。台灣同胞代表，包括島內人士主要由國務院台辦協調推選。

出席名單基本決定後，名單請柬組印製了專用信封和表格，迅速與受邀嘉賓聯繫，以便確認是否應邀出席。與此同時，分社慶典辦也與港府交接儀式統籌處建立工作銜接。該處處長林瑞麟也是港府副憲制事務司，是與筆者相對應的港方官員，本來就有

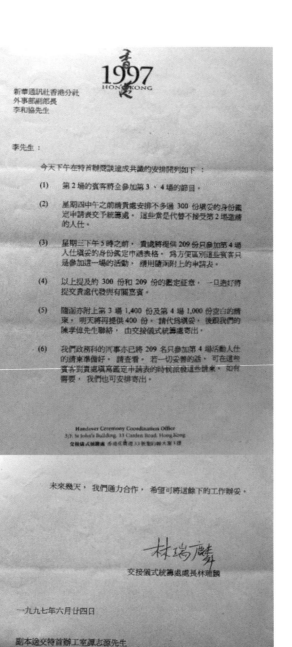

1997
HONG KONG

新華通訊社香港分社
外事部副部長
李和協先生

李先生：

今天下午在特首期間談達成共識的安排開列如下：

(1) 第 2 場的賓客將全參加第 3、4 場的節目。

(2) 星期四中午之前請貴處安排不多過 300 份壞妥的身份鑑定申請表交予統籌處。這些常是代替不接受第 2 場邀請的人仕。

(3) 星期三下午 5 時之前，貴處將提供 209 只參加第 4 場人仕壞妥的身份鑑定申請表格。 為方便區別這些賓客只是參加這一場的活動，請用隨函附上的申請表。

(4) 以上提及的 300 份和 209 份的鑑定証意，一旦壞好將提交貴處代發與有關嘉賓。

(5) 隨函亦附上第 3 場 1,400 份及第 4 場 1,000 份空白的請柬，明天將再提供 400 份，請代為填妥。後跟我們的陳學偉先生聯絡，由交接儀式統籌處寄出。

(6) 我們政務科的同事亦已將 209 名只參加第 4 場活動人仕的請柬準備好，請查看。若一切妥善的話，可在這些賓客到貴處填寫鑑定申請表的時候派發這些請柬。如有需要，我們也可安排寄出。

Handover Ceremony Coordination Office
3/F, St John's Building, 33 Garden Road, Hong Kong.
交接儀式統籌處 香港花園道 33 號聖約翰大廈 3 樓

未來幾天，我們通力合作，希望可將這餘下的工作辦妥。

交接儀式統籌處處長林瑞麟

一九九七年六月廿四日

副本逕交特首辦工室譚志源先生

1997 年 6 月 24 日，港府交接儀式統籌處致分社外事部關於回歸大典嘉賓安排信函

工作聯繫。四場主要活動有三個主辦方，參加政權交接儀式的嘉賓由中英雙方商定，其中哪些人可轉入第二場香港特區成立暨特區政府宣誓就職儀式，由中央政府決定。而特區政府主辦的特區成立慶典和大型慶祝酒會的嘉賓名單，則由中央政府與特區政府共同商定。由於主辦方不同，儘管工作班子基本不變，在名單的確認與增減方面仍會增加不少工作。

考慮多種因素協調平衡出席名單

參加中英交接儀式的港府架構主要官員，也是特區政府的候任班子，他們及其配偶均受邀出席第二場由中央政府主辦的特區成立暨特區政府宣誓就職儀式。不過，除此之外的署、處長級官員的配偶，原方案沒有列入第二場名單，主要是考慮待遇上的平衡。我們對嘉賓攜配偶與會，總體掌握得比較緊，這樣也可以多留一些名額給基層愛國人士。對此，英方提出「若夫婦未能一起轉到第二場會造成後勤問題」，希望我們考慮。我方對其要求本可不予考慮，不過為了讓大典籌備更順利進行，儘管第二場慶典的 4,477 個座位已基本分配完畢，我方還是臨時決定調整名額，增加邀請 29 位署、處級官員的配偶，請交接儀式統籌處報送資料。此外，雖然參加首兩場大典的嘉賓名單已經各方會商而後確定，我們仍然收到許多來自本港和海外要求出席大典的請求。回應這些請求需要考慮多種因素，需要協調與平衡。不過，在中籌

1997 年 7 月 1 日，筆者（右）與中英聯絡小組中方首席代表趙稷華（中）在慶祝酒會上留影

1998 年 2 月，筆者在北京探訪原中籌委辦主任李樹文（左）

2000 年 12 月，筆者探望來港訪問的原新華社香港分社社長周南（右）

委辦的領導下，最終都得到較好的處理。

在回歸倒計時的最後階段，對於名單請柬組來說，大量工作集中在對嘉賓的身份鑒定以及製作相應的證件。6月24日，分社慶典辦與港府交接儀式統籌處最後一次就名單及證件事宜開會協調，確認所有出席第二場的嘉賓全部出席第三及第四場。對受邀而未能出席人士所空出的名額，我方需預備好名單予以填補。那些日子，慶典辦的同事天天加班加點，有的同事還前往交接儀式統籌處協助處理證件至深夜。正式入場證件由港府統一製作，印有本人照片的入場證作為唯一的進場憑證，上面標明持證人出席的活動場次及具體座區，嘉賓入場後到預定區域選擇就座。在各方的通力合作下，終於圓滿地完成這一歷史任務。

為慶典成功特區政府專函致謝

回歸大典完成後，新成立的特區政府給中籌委辦和新華社香港分社發來感謝信，全文如下：

中華人民共和國政府香港回歸及慶祝活動籌備辦公室：
新華通訊社香港分社：

中華人民共和國香港特別行政區於一九九七年七月一日順利成立，慶祝香港回歸祖國的各項慶典活動得以圓滿成功舉行，實有賴於貴辦公室及貴社大力支持、合作無間、以及

各領導們的寶貴指導。我們深信特區政府有着非常美好的開始，香港的明天必定更好！我們謹對貴辦公室、貴社及各領導們親切的關懷及熱情的照顧致以最崇高的感謝和敬意！

我們亦希望藉此機會感謝下列人士：

籌備辦公室的李樹文先生、徐紹史先生、

港澳辦的趙秉欣先生、徐澤先生、張曉明先生、張勇先生、

新華社香港分社的袁鵬雁先生、李和協先生、曹二寶先生、樊晏平女士及

公安部的董福元先生。

專此，並頌

萬事順遂！

中華人民共和國香港特別行政區政府

中華人民共和國香港特別行政區政府行政長官辦公室

一九九七年七月四日

在同一天（7月4日）的內部總結會上，新華社香港分社社長周南說了這麼一段話：我們完成了中央交給的任務，實現了平穩過渡，香港拿回來了！收回香港的意義遠遠超越香港本身，說明中國強大了。這也是對人類進步事業的重大貢獻。我們有幸參與這一偉大的世紀盛事，應感到榮幸與自豪。可以說，周社長道出了參與香港回歸籌備工作所有同事的心聲。當然，回歸大典活動的順利舉辦，也有交接儀式統籌處等港府部門密切配合所作出

的貢獻。特區政府成立後，原統籌處的林瑞麟處長及特首辦的譚志源先後擔任了政制及內地事務局局長，林先生還短暫出任過政務司司長。

今年是香港回歸祖國二十五週年，當年參與回歸籌備工作的人士大部分已經退休，有的已經作古。謹以三篇回憶文字及相關資料照片，與讀者分享這段難忘經歷。相信在下一個二十五年裏，香港的各項事業，必定發展得更加美好！

(文中所述之其餘兩篇回憶文章已發表於本刊 2022 年 2 月號及 4 月號)

(原載《紫荊》雜誌 2022 年 5 月號)

為回歸獻力，為和諧盡心

李和協接受採訪時記者所照

　　1997 年 7 月 1 日凌晨，中華人民共和國國旗和香港特別行政區區旗在香港會展中心中英交接儀式上徐徐升起，歷經了百年滄桑的香港回到了祖國，中國政府開始對香港恢復行使主權。這一天，舉國上下一片沸騰，這一天註定被載入史冊。為了這一天，中華民族盼了上百年。為了這一天，中華兒女，無論是政府工作人員，還是民間愛國愛港人士，都為之付出了許多許多，李和協先生便是其中的一位。

　　從 1992 年 7 月開始後的整整五年時間裏，李和協先生參與了香港回歸前最後時期的準備工作，香港平穩、順利回歸的「軍功簿」裏，記錄着他的一份功勞。

　　1982 年，英國首相撒切爾夫人訪華，鄧小平同志就香港前

途問題與之進行會談，揭開了香港前途談判的序幕。1984 年，英國外相在香港發表聲明，宣佈 1997 年以後英國將放棄對香港的主權。隨後，中英兩國簽署了「聯合聲明」。隨着香港回歸祖國進入後過渡期，保證平穩過渡的各項準備工作也刻不容緩，「1990 年周南社長就任後，新華社香港分社（香港回歸後改稱中央人民政府駐香港特別行政區聯絡辦公室，簡稱「中聯辦」）先後從外事系統抽調一批幹部充實和加強分社外事部工作，我也於 1992 年 7 月奉調來港工作」，李和協先生感慨地說，「香港回歸前的最後五年，是我外事生涯中難忘的歲月。」

負責與港英政府的雙邊聯絡與交涉

新華社香港分社是中央政府在香港的官方代表機構，長期以來扮演着不可或缺、舉足輕重的角色，尤其在香港回歸前五年的「後過渡期」更是如此。「外事部三位負責人均來自外交部系統，日常業務由張浚生副社長分管。主要職責是，就內地與香港雙邊事務以及涉台、涉外事務與港英政治顧問處或港府其他部門進行聯絡、協調與交涉，並負責聯繫駐港外國領事館、國際組織、外國記者及商會。」李和協先生作為外事部副部長，主管與港英政府的雙邊聯絡與交涉，以及涉及兩地的所有政府間事務。「香港回歸之前，所有涉及兩地政府間的事務，均屬外交範疇，都要經過分社外事部處理」，李和協先生回憶說。

「與港英的政治性交涉是外事部的一項重要而敏感的工作，交涉內容既有政治性事件，也有一般性業務。例如涉台事件及駐港機構保安，出入境事務及越南船民，以及突發事件等。一些內容敏感、政治性強的交涉，發生意見分歧甚至語言衝突是常事。」據李先生介紹，外事部另一項重要任務是協調粵港雙邊事務。每年召開一次粵港邊境聯絡年會，就出入境及邊境事件、打擊偷渡走私、司法互助、核電安全等問題進行回顧與協商，在廣東與香港輪流舉行。雙方業務單位還建立對口交流機制，日常業務聯絡基本不受中英關於香港政制分歧的影響。外事部還與港府人民入境事務處就「香港遊」的管理和配額安排召開定期年會，邀請相關旅行社老總出席。李和協先生曾分別於 1995 年及 1997 在上海和南昌主持過回歸前的最後兩次「香港遊」會議。

此外，兩地官員的互訪、培訓也是回歸前幾年的重要雙邊活動。外事部每年都協調安排多批由中央部委司、處級官員組成的訪問團來港，並陪同參觀訪問。與此同時，新華分社還分批安排港府高級公務員到清華大學培訓，以增加他們對國情和國家政策的了解，為特區政府的成立做準備。

參與籌備組織回歸大典

當時針指向 1997 年，回歸進入倒計時階段，李和協先生來港工作也進入第五個年頭。「當時中央成立『中央香港回歸及慶

祝活動籌備辦公室』（中籌委辦），由時任國務院副秘書長李樹文任辦公室主任。李樹文率領的跨部門團隊提前幾個月抵達香港，與地處第一線的新華社香港分社等共同籌備與見證這一重大歷史事件。」

當時香港新華分社也成立了「慶典辦公室」，作為外事部副部長，李和協兼任分社慶典辦副主任。一方面參與中英聯合聯絡小組專家組與英方就交接儀式場地等安排進行談判，更多的是負責與港府相關部門就各項具體活動的安排進行協調。李先生還兼任中籌委辦禮賓組副組長及名單請柬組召集人，除分社外，名單請柬組成員還包括國港辦、外交部等單位，統籌安排回歸慶典四場主要活動的出席人選和組織安排工作。「那是一份需要有高度責任感和極富挑戰性的工作，」李先生說，「一方面要與港府交接儀式統籌處處長林瑞麟就雙方邀請出席中英交接儀式的重複名單進行再分配，另一方面還要面對來自各方面的請求和推薦，並進行內部討論與協調。為了政權順利過渡，可以說我方參與人員都在夜以繼日地工作。」在各方面的通力配合下，他的團隊順利完成任務，並得到有關方面的表揚。

1997 年 7 月 1 日零時，伴隨着英國米字旗的緩緩落下，中華人民共和國國旗和香港特別行政區區旗徐徐升起，歷經了百年滄桑的香港終於回到了祖國懷抱。

繼續服務香港

香港回歸後，內地與特區政府間的關係不再屬於外事範圍，新華社香港分社外事部已圓滿完成國家交予的歷史性任務。李和協先生也功成身退，並於後來提前退休，獲准留在香港。

如今，香港回歸祖國已經十四個年頭，然而當初的一切如昨日一般清晰，每每回憶起來，李和協先生心裏感受到的不是辛苦，而是榮幸，能親自參與、見證香港回歸這一具有歷史意義的事件，讓他終生難忘。採訪中，我們還得知，今天我們許多人手中的香港特區護照，在其設計過程中也有李先生等人的功勞。

關於港人的國籍和旅行證件問題上，李先生作為新華分社的代表，不僅參加過中英聯絡小組專家組的討論，還參與由外交部、公安部、國務院港澳辦和新華社香港分社組成的特區護照專家小組，具體研究新護照的設計方案，並在此過程中，由分社外事部徵求特區護照的最終使用管理單位 —— 港府人民入境事務處的意見。

李和協先生來香港工作之前，曾長期任職於外事部門，在我國駐日本使館工作過多年，在美國做過訪問學者，長期從事對美民間外交，具有良好的國際視野與文化底蘊。加之在香港工作多年，提前退休後本可以有多種選擇。然而李先生秉承一貫低調的風格，選擇加入陳守仁先生的聯泰國際集團，至今已超過十年，曾擔任過聯泰集團副總裁、深圳聯成漁業副董事長兼總經理，對開發集團業務、發展壯大公司及國家的遠洋漁業作出了重要

貢獻。如今，李先生已改任集團顧問，並更多地參加社會服務工作。儘管身份改變，其愛國愛港、服務香港的赤誠之心始終沒有改變。今年是辛亥革命一百週年，李先生作為孫中山文教福利基金會副理事長兼秘書長，更忙於協助基金會主席陳守仁博士籌備各項紀念活動。

儘管在旁人看來，李先生是一位有難得經歷的成功人士，但是他總是抱着一顆平淡的心，甚至還是在記者的一再要求下才接受採訪。他認為自己「經歷平常，並不值得採訪」。談到為人處世心得時，李先生認為，只要對國家、對香港社會有利的事情，就應認真去做，並爭取做到最好。不刻意去追求名利地位的人，心態就平和，待人就寬厚，朋友就更多。現在的他，仍忙於各種

李和協出席香港回歸中英交接儀式時與同事留影

1996年，李和協代表新華社香港分社接受香港南安公會的救災捐款支票

社會及公司的事務，以篤定的步伐，繼續為香港的穩定繁榮做出
自己的貢獻。

（《華人經濟》專訪，2011年，記者：石依、程書香）

第三章

兩岸情與故土情

一位為国家統一
奮鬥不止的台灣人

—— 欣逢原留日學生林啟洋夫婦

2013 年 11 月 25 日，由全國台灣研究會、中國和平統一促進會香港總會、兩岸和平發展聯合總會等 23 家兩岸三地社團、智庫組成的籌委會在香港會展中心隆重舉行「海峽兩岸和平發展論壇」。這個以「和平發展、民族振興」為主題的論壇吸引了數百位兩岸三地人士，包括董建華、陳雲林、梁振英、張曉明、唐英年、郁慕明、洪奇昌、張榮恭等知名人士前來出席並發言，場面頗為壯觀。

就在論壇茶歇期間，一位個子不高、頭髮花白的老先生走過來，湊近筆者胸牌看後說，您是不是當年駐日本使館的李和協先生？就在他說話的一剎那，我幾乎同時喊道：您是王啟洋吧？想不到在這裏遇見你們！兩雙手緊緊地握在一起，其夫人邵雪瑛女士在一旁與我們同時開懷大笑。是啊，三十五年了，誰能想到此生還能見面？而且是在「海峽兩岸和平發展論壇」這個場合重逢？簡短交談後，考慮到這是在會場，我們又擇日與幾位朋友餐聚暢談。之後意猶未盡，又與啟洋夫婦另闢咖啡廳敘舊，回顧當

年的歲月及聽他們數說別後的故事。

留日學生的「擁統派」

　　上世紀六、七十年代，是台灣學生出國留學的高潮期，許多人離開戒嚴下的台灣後，最關心的事情就是了解海峽對岸的情況。儘管當時大陸「文革」尚未結束，但是並沒有減少他們對祖國大陸的濃厚興趣。王啟洋 1969 年從台灣「國立藝專」畢業後，即於同年底攜夫人邵雪瑛赴日留學，就讀日本千葉大學，並加入台灣留日學生組織「在日台灣學生聯誼會」，1972 年聯誼會改選時，王啟洋被推選為總幹事。在接觸了許多台籍僑胞和愛國人士，以及閱讀不少進步書籍後，啟洋夫婦就認定，台灣只有回到祖國懷抱，實現和平統一，才會有前途。為此，由王啟洋接辦的本來具有「台獨」傾向的學生會報紙《台生報》，不久後成為主張兩岸統一的報紙。

　　1972 年 9 月中日恢復邦交，1973 年 3 月中國在東京設立大使館，當年 5 月，剛進入外交部不久的筆者即被派往駐日使館工作，主要做領事僑務工作並兼任使館領導的英文翻譯。由於筆者是當時使館內唯一通曉閩南話的館員，因此參加了不少與旅日台灣僑胞及留學生的聯絡交往。記憶中，王啟洋夫婦是最早與使館聯絡的台灣留學生之一。他們的工作熱情與愛國情志使我們很感動，雙方交往愉快，长达三至四年之久。但是王啟洋的政治傾向

也必然引起台灣當局的忌恨與報復，不過當時他們並不知道已經被列入黑名單。

1975 年王啟洋從千葉大學畢業，經介紹擬到一家專做中國大陸生意的貿易公司工作。他按規定向日本政府申請工作簽證，但是遲遲不獲批准。起初他還以為是由於所持的是台灣護照，而日本已與中國建交，因此向中國駐日使館申領了中國護照。結果不但被拒簽，還遭到日本政府「驅逐出境」。王深知返回台灣會有甚麼後果，決定抗爭到底。眼看驅逐不成，日本當局遂於 1976 年 9 月 13 日拘捕了王啟洋。在妻子邵雪瑛的協助下，王啟洋通過新聞媒體揭露日當局對進步華僑的迫害，得到了中國駐日使館和華僑團體的支持，這一事件成為轟動一時的新聞。中國大使館向日方提出嚴正交涉，並派官員到橫濱拘留所探望王啟洋。在各方壓力下，日本有關當局不得不於 1979 年 1 月 23 日釋放了王啟洋，後於 1983 年給予「特別在留」資格。由政治傾向引起的這場迫害與反迫害鬥爭，終於以王啟洋夫婦的勝利而告終。

在隨後的留日歲月裏，王啟洋夫婦繼續熱心於國家統一大業。隨着中國對外開放，為求謀生，王啟洋在有關方面支持下，開設了一家專為中國出國人員服務的「勝利通商」免稅店，並提供日本買單、國內提貨服務，深受出國人員的歡迎，生意一度十分紅火，並成為最早進入中國大陸的「台商」。事業小有成就後，啟洋不忘回饋祖國，曾削價出售，甚至捐贈雲梯車給中央電視台，用於拍攝天安門廣場國慶大典的宏偉場面。

筆者與林啟洋夫婦在香港鯉魚門　　筆者與林啟洋在海峽兩岸和平發展
合影　　　　　　　　　　　　　　論壇會場

「霧峯林家」第九代傳人

與王啟洋夫婦意外重逢後，筆者問的第一句話是，你原來不是姓王嗎？怎麼改姓林，成了林啟洋了？原來，這還有另一段歷史故事。林啟洋是台灣著名的「霧峯林家」第九代傳人，其父親林漢淵、母親林雙鳳均為霧峯林家後裔，由於是未出「五服」的同姓兄妹，在生下林啟洋後，根據族規被迫離婚，啟洋於 1943 年 10 月出生後，由外祖母郭玲瑜（林祖密之妻）在霧峯林家下厝祖屋裏撫養。1948 年，啟洋的大姨林雙吉在廣州病倒，需要母親到廣州幫助照料四個幼小子女。外婆在離台之前臨時將幼小的啟洋寄託在台北一位姓王的朋友家裏，以為自己很快就會回來。

沒有想到外婆一去就無法脫身，後來隨大姨一家到香港，又從香港去了印尼。為此，啟洋就一直寄居在王家。雖然那是一個並不富裕的工人家庭，但是夫婦二人對啟洋十分疼愛，供他讀書，使他同樣有愉快的童年。上高中二年級時，啟洋已近成人，不宜再維持「寄養」的身份，並為避免受白色恐怖的牽連（大舅林正亨遭當局處決），便辦理了領養手續，改為王啟洋。這次看到啟洋恢復林姓，顯然是「認祖歸宗」了。

對於「霧峯林家」，此前筆者只聽説是台灣本土的知名家族，也了解內地曾有一部電視劇，描寫福建先民赴台墾荒、抵禦外侮、歷盡艱辛的故事，但并不大清楚劇情就是以台灣霧峯林家的家族故事為脈絡展開的。據啟洋介紹，這部以「滄海百年」為名的 36 集大型電視連續劇，就邀請了霧峯林家後代林為民（在北京）及林光輝、林振廷（在台灣）為歷史顧問。

2005 年春天，旅居日本三十多年的啟洋夫婦，決定返回久別的寶島，將餘生貢獻給祖國的和平統一事業。他們將三位已成年的女兒留在日本，夫婦倆回到台北安家。作為獨子，為繼承父親血脈，啟洋在王家養父母過世二十多年後，經法律認定改回了林姓，並參與霧峯林家宅邸的修復及文化保護工作。值得一提的是，當今兩岸對霧峯林家對國家民族的貢獻都是予以肯定的。國民黨主席馬英九 2008 年當選台灣地區領導人前，曾到台中參訪過霧峯林家，寫下「三代民族英雄，百年台灣世家」題詞。

何謂三代民族英雄？霧峯林家第五代先祖林文察作為武將為國捐軀，被同治皇帝封為「太子少保」，其霧峯宅第成為台灣

唯一的「宮保第」；其子林朝棟在基隆抗法有功，晉升為總兵副將。甲午戰爭割讓台灣後，林朝棟的部隊成為台灣一支主要抗日力量，其孫林祖密早年追隨孫中山，投身國民革命，與蔣介石同時被孫中山授予陸軍少將，後又被孫中山委任為閩南軍總司令，1925 年不幸為反動勢力所暗害。林啟洋認為，霧峯林家生性忠烈，嫉惡如仇，忠烈又何止三代！林祖密之子林正亨就在 1950 年白色恐怖時代，被國民黨當局處決於台北馬場町，現居住在北京的林為民即為其兒子。而與林為民同為林家第九代子孫的林啟洋，不也曾因政治原因被日本、台灣當局迫害多年？

有生之年繼續為國家統一而奮鬥

面對年過七旬的老友，我問啟洋回台這些年來做了些甚麼？他說，除了做一些霧峯家族方面事外，主要還是為推動國家統一做些力所能及的工作。啟洋夫婦回台後即加入「中國統一聯盟」，做過執委兼社會部長，夫人邵雪瑛現為聯盟婦女部的副部長。啟洋夫婦還成立了「中華秋海棠文化經貿交流協會」，希望能開拓與大陸的聯繫、交流渠道，為發展兩岸關係做點貢獻。

啟洋兄還介紹了島內一些團體的歷史沿革及現狀，以及他對發展兩岸關係、實現國家統一的看法。可以看出，作為土生土長而又很早就嚮往祖國大陸的台籍人士，啟洋夫婦很希望在有生之年，可以為增強台灣基層百姓對國家的了解，改變基層民眾對大

陸的看法做一些事情。但是令人有些詫異的是，基於一些現實原因，有時想做好事也並不容易。長期遭受國民黨當局迫害，使他不想、也不大可能搭國民黨兩岸交流的「大船」；而他與民進黨的政治理念更是大相徑庭。至於統派內部，也有其複雜因素。這次香港舉行「海峽兩岸和平發展論壇」，可以聽到各方學者的「高見」，機會難得，特地自費前來參加。啟洋認為，發展兩岸關係，實現國家統一，首先要做好基層的工作，讓草根百姓也有機會了解大陸的真實情況及對台政策，這才是最根本的工作。他將會在這方面多做點事，也希望內地有關部門給予支持。

　　老友重逢總有說不完的話，但為不耽誤啟洋夫婦飛台北的航班，我們的交談只好告一段落。看到他們所乘坐機場大巴遠去的背影，感動之餘，不免有幾分感慨，甚至有些傷感。這位台中霧峯林家的後裔，在筆者眼中，更是一位默默耕耘的革命者。

（原載 2014 年《海峽情》，

2016 年 2 月全國台聯《台聲》轉載）

以誠相見，用心交流

──祝賀《海峽情》創刊

　　在「兩岸和平發展聯合總會」成立一年多之後，為加強海峽兩岸的人文交流，促進兩岸同胞的鄉情和友情，理事會決定創辦會刊《海峽情》，不但可以記錄、報道會務活動，更可以為會內外的兩岸朋友，提供一個文字交流平台，讓大家為兩岸的和平發展暢所欲言，為民族的復興與崛起共獻良策。

　　本會創會會長陳守仁博士數十年來對兩岸關係情有獨鍾。早在十幾年前，陳先生就發起創立「孫中山文教福利基金會」，以中山先生的偉大思想作為共同旗幟，開展兩岸交往。有感於兩岸關係在目前階段應以推進和平發展為重點，陳博士遂與志同道合人士共同發起成立「兩岸和平發展聯合總會」，一年來成績有目共睹。這次創立總會會刊，無疑是又一項具有遠見的決定。

　　筆者認為，《海峽情》應有別於通常以報道會務、聯絡鄉誼為主的同鄉會式會刊，應辦成一份能促進兩岸同胞心靈溝通、雅俗共賞並有一定文化層次的刊物。在兩岸「三通」業已實現、ECFA 也已付諸實施的今天，兩岸並不缺乏溝通的渠道。但是，要消融幾十年間形成的隔閡，又談何容易！只有以誠相見、用心

交流，才能達到拉近距離、促進融合的效果。

在長期的職業生涯中，筆者也不乏與台灣人士接觸的機會。最近十幾年裏，在香港及內地都有機會接觸一些台灣人士。不過，倒是三十多年前在國外工作時與台灣同胞接觸的一些往事，至今難以忘懷。

1972年9月中日邦交正常化後，1973年兩國互設大使館。筆者曾於1973年初至1978年底在我國駐日本使館工作，與不少在日台灣留學生和僑胞有接觸交往。當時旅日華僑約有五萬人，大陸與台灣籍各佔一半。其中許多僑胞原為日據時代從台灣來的留學生，具有強烈的民族情、愛國心。一些僑團的骨幹，如東京華僑總會會長甘文芳，副會長陳焜旺、黃文欽等，都是台籍人士。毋庸諱言，在當時的時代背景下，海外僑團有「愛國」和「反動」之分。在七十年代留日的台灣學生中，還有「反蔣愛國」、「親台」和「台獨」之分。而當時風起雲湧的「保釣」運動，更曾激起並加強了海外中國知識分子，尤其是台灣留學生對國家民族的認同感。當時的一本著名政論雜誌《七十年代》對此曾有許多報道和評論。

在這樣的背景下，儘管國內仍處在「文革」後期、「四人幫」倒台及改革開放前夕，在日本的台籍僑胞和留學生對於來自新中國的代表還是普遍感到十分新奇，很希望有接觸了解的機會。在當時兩岸敵對的形勢下，台灣人士與中國使館接觸是需要有一定勇氣的。一旦被台當局駐日機構「亞東關係協會」發現，可能會因「通匪」而回不了台灣。即便如此，還是有不少持各種觀點的

台籍人士，以不同方式與我們接觸和交流，這對增進了解、消除隔閡起到很好的作用。現僅舉兩個與台灣留日學生接觸的小例子，加以說明。

印象較深的是一位名叫戴昭憲的台灣留學生，此君持明顯的「台獨」傾向。他的台獨「論據」主要有兩點，一是國民黨欺壓台灣人，並以「二二八」事件為例，說明台灣人民要擺脫國民黨統治，唯有「自決」；二是台灣的文化、語言與大陸不同，並以「閩南文化與中原文化」不同為理據，這些說法顯然頗為荒誕。台灣人民反對國民黨壓迫統治而發起「二二八」起義，要求當家作主，值得支持和同情，但這與「台獨」是完全不同的兩個概念。至於閩南文化，那本是中華文化的組成部分，就像不同地區有不同民俗與方言一樣，兩廣粵語地區與江浙吳語地區也都有自己的民俗與方言。更何況台灣的閩南文化源於福建，台灣漢族同胞絕大部分是在鄭成功收復台灣後，陸續從泉、漳、廈地區遷居台灣的。由於看法不同，每次見面免不了發生爭論，甚至說得他無言以對。但是有一點是肯定的，我們始終能相互尊重，雖然觀點不同，但仍可以朋友相待。這位戴先生曾說過，國民黨稱你們為「匪」，但是我發現與你們交流並不困難。這位仁兄現在身居何處，觀點如何，筆者不得而知。但我相信，他對這段接觸，當仍記憶猶新。

同樣難以忘懷、並且接觸時間更長的是一位專業人士陳三智先生。他與夫人小楊算是當時較早與我們接觸的台灣知識人士。雖然以前沒有到過大陸，也沒有接觸過大陸的代表，但是經過

一、兩次見面交談後，陳先生強烈的中國心、民族情使我們有相識恨晚的感覺。陳三智畢業於日本慶應義塾大學，當時在日立公司擔任工程師，精通計算機（電腦）軟硬件技術。他與我們接觸幾次後，便提出希望回國工作，將所學的知識貢獻給國家。考慮到當時國內仍處於「文革」時期，各方面條件與日本差距較大，使館建議他們夫婦先回去參觀一下，實地考察了解後再做決定，我們遂於 1975 年安排陳三智夫婦回國參觀訪問。他們到訪了北京等多個城市，回來後仍明確表示，雖然國內條件不如日本，但是回去不是為了享受，因此，他們仍希望回國工作。

就這樣，陳三智夫婦於 1978 年初回到北京。我和太太也於同年底任滿回國。出於對朋友的關心，回國後我們仍保持聯繫。有關方面最初安排他們到北京工業大學工作，但似乎不是十分對口。不久後，陳三智夫婦調到中國科學院計算機研究所，分別任研究員和助理研究員，可以説是人盡其才。我曾到他們居住的友誼賓館以及後來的中關村專家樓看望他們，只見他們躊躇滿志，對工作充滿信心。大家按國內習慣互稱老陳老李。當時國內只有少數體量大的計算機，主要作數據計算處理，還沒有微型機和辦公信息管理系統。他們帶回了一套可能是當時國內唯一的微型機及軟件系統。記得還未回國前，陳三智就向我們出示過他自己編寫的一本辦公室信息系統的程式代碼，我們根本看不明白。

在中科院短短的兩年多時間裏，陳三智培養了中國改革開放後最早一批電腦軟、硬件人才，並曾帶隊考察過日本的資訊科技工業。八十年代北京著名「四通公司」一批骨幹人員，包括後來

成為負責人的萬潤南等人，也都是他的徒弟。陳三智無疑為我國計算機事業的發展做出過寶貴的貢獻。很可惜的是，由於各方面的原因，包括對人事關係的不適應以及家庭變故等原因，後來陳三智又回到了日本。與三智兄最後一次見面是在 1990 年，當時筆者參加中日友協代表團訪日，期間曾專程去看望過他，記得他說，他的心其實還在中國。看到目前各單位大張旗鼓到海外聘請人才，回想三十多年前的這段往事，不禁感慨繫之。三智兄的耿直、敬業和一絲不苟的專業精神，令人難忘。

今天，兩岸關係與當年不可同日而語，已有顯著改善。在《海峽情》創刊之際，重提幾十年前與兩位台灣朋友接觸與知遇的往事，與各位兩岸朋友共勉。我相信，只要以誠相見、用心交流，就能積累善意，凝聚共識，中華民族的復興與統一就有希望。

（原載《海峽情》創刊號，2010 年 12 月）

懷念孫治平榮譽會長
—— 紀念辛亥革命一百週年

今年是辛亥革命一百週年，也是孫中山誕辰一百四十五週年。在這一特殊的年份裏，有一位孫家的後人、孫中山的嫡長孫孫治平先生值得我們懷念。治平先生在其生命的最後五年裏，應邀出任孫中山文教福利基金會榮譽會長，以九十高齡為促進兩岸三地的交流和了解做了大量工作，是一位和藹可親、令人尊敬的長者。

孫治平 1913 年 11 月 16 日出生於美國，其祖父孫中山先生親自為長孫起名「治平」，寓意國治民安、天下太平。1917 年，四歲的治平隨父孫科返回廣州，這也使得他在孩提時代，有一段與祖父相處的難得日子。1925 年孫中山先生在北京逝世時，孫治平亦與家人陪伴於病榻旁。其後孫治平先在國內求學，四十年代到美國留學並旅居，1965 年隨父孫科到台灣，曾擔任「台視」副董事長、國民黨中委、「總統府國策顧問」等。2001 年初，孫治平先生再次踏足祖國大陸，這是 1949 年後的首次到訪，受到中央及地方省市的高度重視和熱情歡迎。

也是在這一年，孫中山文教福利基金會會長陳守仁博士在其

2001 年，筆者與基金會榮譽會長孫治平合影

好友、台灣「孫哲生學術基金會」董事總幹事陳鶴齡律師的介紹
下，結識了孫治平先生。治平先生對守仁先生創辦以孫中山命名
的基金會十分讚賞。同年 11 月，陳守仁會長專程到酒店拜訪，
誠邀孫治平先生出任基金會榮譽會長，治平先生欣然應允。在擔
任榮譽會長的幾年裏，孫治平先生身體力行，參與本會舉辦的一
系列重要活動。

　　2002 年 5 月，治平先生作為榮譽團長，與陳守仁團長率基
金會訪問團赴台參加「國父紀念館三十週年館慶」，並到國民黨
中央總部會見黨主席連戰等政要，頗受台方重視。當年 11 月，
在廣東省、中山市等部門統籌和邀請下，孫中山先生的親屬從世
界各地匯集中山市，為治平先生慶賀九十壽辰。基金會組團前往

祝賀，共襄盛舉。

　　2003 年 8 月，孫治平先生參加本會組團赴廣東中山瞻仰孫中山故居、辛亥革命及第一次國共合作的歷史遺跡。期間，本會向孫治平先生建議在香港舉辦孫中山先生圖片展，得到他的支持和寶貴意見，促成了當年 11 月本會與香港歷史博物館、孫中山故居博物館聯合舉辦「中山先生與親屬 —— 從翠亨到香港」大型圖片展，以紀念孫中山誕辰一百三十七週年及本會成立五週年。孫治平先生親自為開幕式剪綵，並接受媒體的集體採訪。採訪中，記者們請他談一談對祖父孫中山的印象。孫治平說，那時候祖父把全部精力都放在革命事業上，他和家人只能在週末過去「大本營」，與祖父吃午飯。祖父吃飯往往很匆忙，幾分鐘就吃完

自右至左：孫必達、陳守仁、孫治平、李和協（攝於 2002 年）

了，因外面有很多人等着見他。祖父雖然很忙，但是對子孫管教很嚴，小治平印象最深的是祖父對他講的一些「知難行易」的道理。當時他並不大懂，直到長大後才知道這四個字的真正含義。

2004 年 3 月，孫治平、陳守仁兩位會長率領基金會福建參訪團到泉州、福州和廈門訪問，這是治平先生首次踏足福建。在泉州，孫治平為泉州師範學院舉行的「孫中山紀念堂」和孫中山雕像落成典禮剪綵，並植樹留念；隨後又為泉州華僑歷史博物館舉辦的「孫中山圖片展」開幕式主禮，並興致勃勃地前往參觀陳守仁先生創建的「王宮村華僑歷史博物館」，再次植樹留念。在福州，孫治平先生受到省、市領導的熱情接待，專程訪問福州中山紀念堂，向中山先生銅像鞠躬並敬獻花籃，並與民革福州市委進行座談。孫中山先生 1912 年 4 月 1 日辭去「臨時大總統」後，曾於 4 月 19 日從上海乘輪船來到福州，逗留四日。這也是他一生中唯一一次到過福建。當時，中山先生親切慰問閩籍同盟會成員和黃花崗烈士家屬，並來到當時的福建省咨議局「至公堂」，分別向學生和軍政官員發表講話。1932 年至公堂改名為中山紀念堂。孫治平先生對這段歷史十分了解，對有機會重訪祖父的革命遺址感到很高興，並欣然揮毫留言。

2005 年 3 月，孫治平先生再次來香港，為「孫中山與南洋」展覽擔任主禮嘉賓，會後出席本會舉辦的晚宴，與香港歷史博物館丁新豹總館長、梁潔玲館長、孫中山南洋紀念館馮仲漢館長、香港浸會大學歷史系主任周佳榮教授，以及本會會長、顧問、理事等歡聚。3 月 24 日，孫治平榮譽會長與陳守仁會長、孫必達

顧問等在中環「甘棠第」出席籌建香港孫中山博物館顧問會議。但是，誰也沒有想到這是治平老先生最後一次參加基金會活動，也是他生前最後一次的公開活動。

值得指出的是，在與孫治平先生接觸的幾年裏，雖然老人家看似話語不多，但是對於一些大是大非，他的態度是很明確的。對維護國家統一、反對台獨的立場是很堅定的。對於一些台獨的荒誕言論，老先生無不嗤之以鼻。他對孫中山文教福利基金會為宣傳孫中山所做的紮實工作很是讚賞。同時需要說明的是，基金會與治平先生結緣，也是與他的親姪、本會顧問孫必達先生的大力支持分不開的。必達先生是孫中山兄長孫眉的曾孫，全國政協委員，也是中國改革開放初期最早到內地發展的「港商」。孫必達善於酒店經營管理，八十年代初，曾擔任著名的北京「長城飯店」首任總經理。

2005 年 4 月 6 日晚，孫治平老人在香港東區尤德醫院溘然長世，享年 93 歲。基金會同仁對此無不深感哀痛和惋惜。基金會聯絡治平先生的親屬和有關各個方面，籌備治喪事宜。治平先生的獨子孫國雄先生等親屬從世界各地趕來香港，4 月 14 日，兩岸三地各界人士數百人在香港殯儀館為孫治平先生舉行了隆重公祭和出殯儀式。致送花圈的各界人士和單位，香港方面有中聯辦副主任黎桂康、民政事務局局長何志平、香港大學校長徐立之、中西區區議會主席陳特楚及東華三院等；內地方面有廣東省常務副省長湯炳權、省僑辦、省海外聯誼會，中山市委、市政府，孫中山故居紀念館等；台灣方面有國民黨主席連戰、副主席江炳

坤、馬英九，親民黨主席宋楚瑜及中華旅行社等。

　　為紀念孫治平先生，基金會撥出人民幣十萬元設立孫治平助學基金，通過全國僑聯資助北京大學貧困學生。孫國雄先生對孫中山文教福利基金會全力協助辦理其父後事十分感動，當即應邀出任基金會顧問，並在不久之後率家人來港，與基金會同仁及陳會長家人歡聚，引為佳話。

　　孫治平先生在人生的最後幾年，為宣揚中山先生的偉大思想，不辭勞苦參加本基金會的重要活動，為促進兩岸三地的交流與融合作出了不可替代的寶貴貢獻。在紀念辛亥革命一百週年的日子裏，我們更加懷念這位德高望重的榮譽會長。治平先生的崇高精神，將連同他的音容笑貌和長者風範，永遠留在人們的心中。

（原載《海峽情》，2011 年 6 月）

珍惜來之不易的和平機遇

—— 寫在馬英九先生成功連任之際

　　在馬英九先生競選連任台灣領導人成功後不久，以孫中山文教福利基金會主席陳守仁先生為創會會長的兩岸和平發展聯合總會（和發會）迎來了成立三週年。「和發會」最初是由孫中山文教福利基金會屬下的「兩岸和平發展委員會」發展起來的，本意是以兩岸共同的旗幟 —— 孫中山先生的思想為基礎，促進海峽關係和平發展。鑒於這一理念深受歡迎，在各方面的支持下，「和發會」已成為本港一個具有鮮明特色的新社團，得到一大批知名熱心人士鼎力支持。「和發會」的成立，可以說也是因應時代需要，形勢發展使然。

　　兩岸關係、乃至港台關係能形成今天共同發展的祥和局面，來之不易。且不說 1979 年《告台灣同胞書》發表之前，在「解放台灣」與「反攻大陸」兩大口號下的長期對峙，即使在「汪辜會談」及達成「九二共識」後，也因為李登輝拋出的「兩國論」及陳水扁當局對九二共識的抵制，而使兩岸關係陰霾籠罩，停滯不前。直到 2008 年馬英九先生就任台灣領導人，重新回到「兩岸同屬一個中國」的九二共識基礎上後，海峽的風浪才和緩起來，期盼已

久的「三通」、旅遊協議、經济合作框架協議（ECFA）等相繼簽署。兩岸關係改善還惠及港澳，長期以來十分敏感的台灣駐港澳機構名稱問題也迎刃而解了。去年 7 月，台灣駐港機構「中華旅行社」改名為「台北經濟文化辦事處」，其實質功能和地位，包括人員出入境及在港待遇等均獲得提升，台駐港人員可以與特區政府部門進行直接溝通。香港是中央政府的特別行政區，這不能不算是大陸向台灣方面表現極大善意的又一典型例子。

　　香港回歸之前，本人曾在新華社香港分社外事部工作。當時內地與香港的一切聯絡、交涉均屬於外交範疇，均要通過新華分社外事部進行。港英當局對台官方人員入境及在港活動雖有一定限制和約束，但往往未能達到中方的要求，有時候甚至根據中英雙邊關係的發展情況，有意無意地加以姑息、放寬。這就使得中方不得不根據「一個中國」原則向港英政治顧問處進行交涉。被交涉過的人士除中華旅行社負責人外，還有國民黨或「行政院」的要人如祝基瀅、章孝嚴、胡志強等，還包括時任「法務部長」的馬英九。不過，香港回歸後馬先生曾先後三次到訪香港，其中一次以台北市長身份來訪時，還與特首董建華先生會面。香港回歸之後特區政府歸中央直轄，處理港台關係根據「錢七條」的原則。台灣駐港機構的「升級」，可以說反映了兩岸及港台關係的發展與互動。

　　回顧歷史可以看到，兩岸及港台關係有今天的局面來之不易，值得珍惜並不斷加以呵護與培育。首先最為重要的還是要堅持九二共識，在此基礎上深化各種實質交流。使得不管台灣政局

今後如何變化，和平發展均能成為不可逆轉的大趨勢。為此，加強兩岸三地的人文交往顯得尤為重要。即使是同文同種，體制與習慣的差異仍不可否認，需要相互尊重與包容。馬英九先生在首個任期內「撥亂反正」，在兩岸關係方面採取一系列重要舉措，成績值得肯定。但這也與大陸方面從中華民族的根本利益出發而做出盡可能的配合密不可分，不但體現在經濟、民生方面，即使在台灣要求「擴大國際交往空間」方面，只要不違背「一個中國」原則，大陸方面也盡量予以滿足，相信島內各界均可以感受得到。當然，我們也不希望看到對這一善意產生任何誤讀。

順便說一下，兩岸和平發展總會陳守仁會長作為愛國僑領，與海峽兩岸均有深厚淵源與良好關係，在馬先生訪港或陳先生訪台時，雙方均能見面暢談。相信兩岸和平發展聯合總會將利用當前的有利時機，進一步推動兩岸三地的良性互動，為促進相互間了解、理解與諒解做出新貢獻。與此同時，馬英九先生曾提出，要在其第二任期使台灣「脫胎換骨、邁向卓越」，我們期待馬先生能拿出更大的魄力與勇氣，為探討解決兩岸關係中的深層次問題、實現民族的永久和平做出新的貢獻。

（原載《海峽情》特刊，2012 年 6 月）

一位值得尊敬的市領導

　　4 月 25 上午，在前往北京旅途中，我從微信中得悉泉州市委書記黃少萍不幸病逝，深感詫異與惋惜。雖然早已得知她身體欠安，但仍常看到有關對她的活動報道，以為問題不大。記得去年 11 月 26 日，在出席泉州師範學院第三屆董事會成立大會時，曾與她有過簡短的交談，沒想到是最後一別。當時正是作為东亚文化之都的泉州舉辦「海上絲綢之路國際藝術節」期間，另外兩個東亞文化之都城市，日本橫濱和韓國光州的代表團也在泉州。儘管日程繁忙，少萍書記作為泉州師院的董事長也前來參加會議，並向各位海外董事頒發證書。當筆者代表陳守仁博士接受師院副董事長聘書時，她還關切地詢問陳先生的近況。我對她說，陳先生很好，我們都很關心您的健康，希望您不要太操勞！她笑着點點頭。但是，當天晚上在海峽體育場舉行的「海上絲綢之路國際藝術節」開幕式上，作為市委書記的她，還是親自主持儀式並兼作司儀，在寒風中站立將近一個小時。這使我們十分吃驚，以她的身體狀況，這還能打拼多久？我在離開會場前與原泉州市長、也曾是我在香港新華社的同事和領導陳榮春打招呼時，也與他談及此事，我們都為其勤奮精神所感動，同時也覺得這麼做實在「太拼了」。

　　過去十幾年來，因工作原因我與黃少萍有過一些接觸，給我印象最深的是她的待人以誠和敢於擔當的精神。2002 年春節期間，在一次由市委書記施永康宴請回鄉考察的聯泰集團陳守仁董事長的餐敘中，大家講到現在泉州民營企業比較發達，但是在電子商務及工商管理人才培養方面比較滯後。為此，施書記當場建議和鼓勵陳守仁先生到泉州辦學，將海外的先進管理理念引進來。當時已是市委常委兼宣傳部長的黃少萍也在場，她從心底裏贊同施書記的建議，並認為如果項目成功，無異於給泉州的民營企業插上翅膀。一旦認定方向，黃少萍即義無反顧，勇於擔當，協助為學院的辦學宗旨、模式、合作辦法等出謀劃策，在師院洪輝煌書記、陳篤彬院長到東莞與聯泰高層商談期間，她還特地從泉州飛過來就具體事項作最後商定，確立了「一校兩制、僑校合作」的基本辦學模式，進而成立了「陳守仁工商信息學院」，作為泉州師院的二級學院，聘請泉州籍哈佛大學博士歐陽鍾輝為院長。從 2003 年出席陳守仁工商信息學院首次董事會會議後的十幾年來，無論是擔任市委常委、省僑辦主任，還是當市長、書記，黃少萍均不忘關心、過問學院的發展情況，多次參加學院的活動。在 2013 年學院十週年慶典時，黃少萍以市委書記身份再次出席第十次院董事會會議。十幾年來，陳守仁工商信息學院的畢業生很受社會歡迎，實現 100% 就業，辦學成績有目共睹，已經成為泉州師院的一個「品牌」。可以肯定地說，工商信息學院今天取得的成績，除了有各方面的努力外，也與黃少萍十多年來的關心與指導分不開。對於筆者在協調校企合作中所起的一點作

2004 年，孫中山文教福利基金會會長陳守仁、榮譽會長孫治平率團訪問福州，市委書記何立峰（右四）和省僑辦主任黃少萍（右二）會見代表團

2013 年 4 月，市委書記黃少萍參加泉州師院陳守仁工商信息學院成立十週年慶典活動

用，少萍同志每次見到本人時也多有肯定，言詞真摯誠懇，令人難忘。

　　這幾天，泉州市民以各種方式懷念這位英年早逝的女書記，不是沒有道理的。2013年9月，她帶隊到北京亮相「東亞文化之都」終審評選，親自講解泉州的獨特歷史文化。泉州市是十個國內參選城市中唯一由市委書記親自帶隊赴會的，最終不負眾望，脫穎而出。她在會上自稱「泉州女兒」，也傳為佳話。而正當泉州以「21世紀海上絲綢之路先行區」蓄勢待發之際，少萍書記卻飄然離去，令人惋惜。不過，在泉州邁向新世紀輝煌的征途中，黃少萍已經留下了自己堅實的足跡。

（原載《海峽情》，2015年5月）

人生旅程從國光開始

在國光中學香港校友會成立八週年前夕，李金聰老會長、張高賢會長以及劉泉源等學長提出，校友會將出版一本校友回憶錄，希望我也能做出點「貢獻」，寫一些對母校的回憶，以及後來的工作生活情況。的確，在離開母校三十七年後的今天，不但中學六年的求學生活令人難忘，而且也有義務與各位交流離校後的情況。

（一）

筆者於 1958 年從國專小學二校升入國光初中 25 組，1961 年進入高中 10 組，1964 年高中畢業。從 12 到 18 歲，這是人生中長身體、長知識最為關鍵的時段。從幼稚、無知的鄉下少年成長為具有比較紮實文化基礎、人生觀基本形成的知識青年，全靠學校有一批德才兼備的優秀教師。

其中最令我難忘的是張耀堂老師。張老師不但是我們初中三年級五班的班主任兼政治教師，更是我追求知識和進步的啟蒙老師。說實話，在初中一、二年級時，除了大煉鋼鐵時期到大溪邊淘黑鐵沙、到後山砍樹燒炭外，我並沒有留下特別印象。雖然書

讀得還可以，但大概是個平凡學生吧，以致於在 1959 至 1960 年困難時期剛開始時，曾被一位（高中畢業後留校代課的）老師勸退回家務農，並表示如果我同意，可送鋤頭畚箕一套。結果此事被父母嚴辭駁回，使我得以繼續求學。進入初三后，情況似乎發生了變化，班主任張耀堂老師關心每一位學生的成長，其平等待人及豐富的經驗與學識，令我敬佩，但又不覺得高不可攀。雖然當時我並不是班幹部，但是張老師似乎看到了甚麼，經常主動與我交談，鼓勵我關心班務，關心時事和國家大事。他認為做人應當有一種精神，一種抱負，一種骨氣。聽他的政治課一點都不覺得枯燥無味。當時正值約翰·肯尼迪就任美國新總統，「肯尼迪政府只會比艾森豪威爾政府更壞些，而不是更好些！」耀堂老師在講台上字字鏗鏘，令我至今難忘，這一論斷無疑符合當時中美

1993 年 8 月，筆者與當年班主任張耀堂在香港合影

關係的狀態。更使我意料不到的是，初中畢業時，我榮獲保送，免考直接升入高中，班上四名「保送生」，僅我一人不是班幹部。如果說，在初一、初二我還處於為讀書而讀書，對個人的進步與前途仍一片朦朧的話，那麼經過初三短短的一年，張老師以其言傳身教，已使我懂得了做人的基本道理，並認定了今後的努力方向。張老師那樸實、嚴謹和待人以誠作風，使我在後來的學習和工作中得益匪淺。從高中一年級開始到整個大學階段，每年都擔任學生會幹部或班長職務。近三十年後，我與耀堂老師相逢於1993年旅港國光校友會成立大會上，欣喜之情難以言表。

在母校另一位印象較深的是陳成灶老師。成灶老師是我們高一至高三（四班）的班主任和物理老師，我們也是他大學畢業後帶的第一個班級。記得當時是一位校領導帶他到班上來的，說成灶老師是福建師範學院的優秀畢業生，希望大家支持他的工作。但我們很快發現，陳老師不但業務了得，而且為人謙虛，與大家有商有量，加上與我們年紀相差不大，既是師生，也像朋友。班委會和同學們都支持、配合他的工作，努力完成各項任務。因此高中三年期間，大家相處十分融洽，班級成了溫暖的集體。幾十年後，當我有機會與在香港、廈門及南安的四班同學聚會時，大家仍不時提起成灶老師，關注這位惠安籍老師後來的去向及現在的情況。

還有鄭明端校長和母校裏眾多優秀的課任老師，他們忠於職守，一心撲在教育事業上。其中有的老師來自上海、福州、廈門等大中城市，為教書育人情願留在這間地處農村的中學，令人敬

佩。例如余山老師、盛美文老師、王禧民老師、陳素嫻老師，還有英語老師陳湛等。余山老師多才多藝，我還參加過他組織的口琴小組。

1964 年高中畢業，當年考取廈門大學外文系。1969 年畢業后，1970 年分配到外交部，開始了長達三十餘年的外事生涯。

（二）

1972 年 9 月中日恢復邦交，1973 年 3 月中國駐日本大使館在東京設立。當時我剛完成在北京外語學院的進修並被分配到外交部工作，隨即被通知到駐日使館。經過出國前培訓後，於 5 月中旬到達東京，在使館領事部工作。雖然當時國內「四人幫」仍然當道，「文革」並未結束，但是外交方面在毛澤東、周恩來親自主持下，則是捷報頻傳。中日邦交正常化是繼 1971 年中國恢復在聯合國席位、1972 年初美國總統尼克松訪華後的又一項重大外交突破。這一勢頭貫穿整個七十年代，這期間與我國建交的國家達到幾十個，直到 1979 年初鄧小平訪問美國，實現中美邦交正常化。

中日兩國是一衣帶水的鄰邦，日本文化源自中國。但是在兩千年的友好交往史中，也有過近代日本軍國主義侵略中國不光彩的一頁。只有正視這段歷史，做到前事不忘，後事之師，才能架設兩國世代友好的橋樑。兩國建交，不但有利於發展官方關係，

1978 年 7 月，筆者與夫人在駐日使館舉辦的建軍節酒會上

也有利於更好地接觸了解日本各界人士。我們發現，日本人民中大多數是要求中日友好的，一些參與過侵華戰爭的舊軍人，更成為日中友好的積極分子。記得當時有一位北海道的農民，每年都要親自向東京的中國大使館送幾箱鮮冬菇。究其原因，是當年他作為日本兵在華北曾經搶掠過不少當地老百姓的家禽，現在用贈送自產蘑菇來聊表懺悔之誠意。一些曾在中國撫順戰犯管理所待過的「戰犯級」舊軍人成立了「中國歸還者聯絡會」，促進日中友好事業。1974 年，當年撫順管理所的領導隨廖承志率領的中日友好代表團訪日，該協會成員組織隆重歡迎，場面令人感動。

　　在使館期間，與旅日華僑有較多聯絡，當時僑胞人數約有五萬餘人，其中一半為台灣籍。由於我是當時使館中唯一會閩南話的，與台籍僑胞及留學生接觸就更多，經常參加他們在日本各地舉行的聚會、懇親會。著名愛國僑團東京華僑總會，其會長甘文

芳、副會長陳焜旺、黃文欽都是台灣人。意想不到的是，二十年後還能在 1997 年 6 月 30 日晚中英交接儀式會場裏，偶遇陳焜旺先生。已經年邁的陳老先生是見證香港回歸的全球華僑、華人代表之一，在這種場合與老朋友久別重逢，驚喜之情難以言表。

中日建交後，日本成為當時與中國有正式外交關係的最大西方國家，東京也成為我國進行多邊外交的重要場所。令我難忘的是首任駐日大使陳楚，一位原行政八級的「三八式」老革命，對我這個剛「入行」不久的年輕人既嚴格要求又關懷備至，在我赴日工作僅半年後，就主動將我新婚妻子從冶金部調到外交部，再派到使館來。1976 年「四人邦」倒台後不久，陳大使另負重任，出任中國常駐聯合國代表，回國後轉任國務院副秘書長。後來在北京，有一次我們去看望他們夫婦時，大使還問我要不要到他那裏工作。雖然後來我沒有去，但是始終感激他的關心。不幸的是，老大使已於兩年多前去世。

當時使館人員的陣容也是比較強的，不少人後來陸續出任大使甚至更高職務。現任外交部部長唐家璇是其中的佼佼者。記得唐部長當時是使館一秘。1990 年我隨中日友協代表團訪日，重訪大使館時受到他熱情接待，那時候他已是公使。1997 年他作為副外長來港出席回歸慶典，我們見面時他還關心地問起我夫人的近況。還有一位是後來任國務院台辦副主任、海協會常務副會長的唐樹備。老唐在駐日使館工作時負責領事部工作，是我很熟悉的領導。

1978 年 11 月，鄧小平副總理訪問日本，簽訂了《中日和平

友好條約》，把中日關係推向新的高度。鄧副總理、黃華外長、廖承志會長等還到使館看望大家，並合影留念。一個星期之後，我也完成了五年半的任期，奉調回國。

（三）

　　鄧小平結束訪日不久，即展開歷史性的訪美之行。1979 年初，中美建立外交關係，同年二月，外交部幹部司分配我到部屬中國人民對外友好協會從事對美民間外交工作。

　　從 1979 年中美建交到 1988 年這十年間，可以說是中美之間官民兩方面外交都處於平穩發展的時期。當時正值對外開放初期，中國的一切引起世界尤其是西方國家的廣泛興趣。美國各界知名人士紛紛要求來華訪問，這其中既有與中國淵源已久的老朋友，如著名美國記者埃德加・斯諾的前後兩任夫人海倫和洛伊斯，二戰時期中緬印戰區司令史迪威將軍的兩位女兒史文思和史文森，而更多的是從未到過中國的各界名人。例如，世界著名小提琴大師艾薩克・斯特恩 1979 年訪華時風靡中國文化界，期間攝製的紀錄片《從毛澤東到莫札特》更曾在西方轟動一時；美國基督教福音派領袖葛培里及素有美國「核潛艇之父」之稱的前海軍上將里科夫等知名人士的訪華，也都曾在國內外引起矚目。政界人士作為對外友協客人訪華的也不少，印象頗深的是 1987 年哈里曼夫人率領的由知名美國民主黨人組成的訪華團。團員包括

與來華訪問的史迪威將軍女兒、對華友好人士史文思攝於杭州西湖（右起：同事孫秀傑、美學者何漢理、史文思、筆者、兩位浙江外辦幹部）

前肯尼迪總統的特別助理、著名歷史學家阿瑟・施萊辛格，後來出任克林頓總統國家安全顧問的華盛頓著名律師桑迪・伯格，前卡特政府的助理國務卿、爾後出任駐聯合國大使的霍爾布魯克，以及著名中國問題專家何漢理等，當時筆者作為美國處處長全程陪同訪問。

　　民間交流是雙向的，每年我們也組織不少團訪問美國。1981年秋，在美中友好協會的安排下，我曾與同事姚進榮作為首批人員赴美考察，三個多月內走訪了十多個城市，基本都住在美國朋友的家裏，多為國人較少去的南部地區，如田納西、密西西比、喬治亞等州市。除了禮節性拜訪地方官員外，主要作社會考察，

如走訪兒童監護中心、少年監獄、老人公寓、單親家庭等，着重
了解美國的社會福利制度和社會問題，大開眼界。對於美國方面
的來華考察要求，我們也盡量作出安排。1979 年底，我們曾將
一個 16 人的美國青年考察團安排到北京郊區農村體驗生活，長
達一個月，期間有一對美國青年還在村裏舉行了婚禮。

　　八十年代，中美之間的教育文化交流開始興起。本人曾於
1987 至 1988 年作為「校長特邀訪問學者」到費城天普大學作一
年訪學。該大學曾於 1979 年初鄧小平訪美期間，授予鄧榮譽法
學博士學位，據說這也是中國領導人接受的唯一一個外國榮譽博
士學位。從天普大學回來后，本人轉任對外友協綜研室主任，主
要從事民間外交和友好城市的政策研究和協調，並負責文件或文
章的撰寫等。

1987 年 10 月，筆者在天普大學訪學期間與校長利亞庫斯（左）合影

　　雖然在全國友協期間以對美工作為主，但也有機會接觸多邊外交。尤其在八十年代中後期，因參與聯合國國際和平年等活動，本人多次作為對外友協的代表出席在曼谷、日內瓦、羅馬、東京、聯合國和蘇聯等地的國際會議。記得 1986 年在日內瓦舉行的 NGO 討論裁軍的論壇上，本人作為中國方面的代表，對前蘇聯出兵入侵阿富汗提出譴責。阿富汗局勢後來的發展以及所形成的局面，令人不勝噓唏。如果不是外來的介入，這個本來古老而平靜、最早同新中國建交的中亞小國，當不至於要承受這麼大的災難。

（四）

　　1990 年初，中央任命原外交部副部長周南出任新華社香港分社社長，同年 4 月，全國人大通過了「中華人民共和國香港特別行政區基本法」，標誌着香港回歸祖國進入了後過渡期，本人也因此於 1992 年 7 月奉調來港，在新華社香港分社外事部工作，主要負責對港英政府方面的事務。

　　港英政府，即英國管治下的香港政府，不但總督由英國王室委任，政府內的高官也多從英國政府調派，只是眼看香港回歸中國已成定局，港英當局才開始實行公務員本地化計劃，任命較多的華人公務員進入政府高層。在與新華社香港分社聯絡方面，港英通過其「政治顧問處」統一掌控，該處的主要官員來自英國外

交部，前任港督衛奕信和前英國駐華大使麥若彬都曾擔任過政治顧問。在香港回歸之前，我方也將內地與港府的一切業務聯絡和人員交往，通過新華社香港分社按外交渠道處理。

代表中方就雙邊事務作交涉是外事部的一項主要職責，交涉事項包括涉及「兩個中國」及「一中一台」事件、邊境突發事件、駐港機構保安及港人在內地突發事件等，雙方按問題的性質及重要性以對等原則向對方相應級別官員提出交涉。兩地之間的交流，如每年安排雙方官員互訪，都要通過外事部安排。比較大量的是涉及粵港兩地的事務，包括證件及出入境管理，突發事件協調處理，打擊非法入境及走私等。雙方在業務層次合作總體正常，不過也會受到政治氣氛的影響。港英政府有時會將一般邊境事件故意透露給傳媒，意在影響輿論及市民對香港回歸的信心。

當時粵港雙方最高聯絡機制是每年年初的「粵港邊境聯絡年會」，雙方分別由廣東省外事辦公室主任和港英政治顧問率團參加，會議輪流在粵港兩地舉行。除了這一綜合性會議外，還有一些對口專業性會議，如海關、過境交通、供水的年度會議，大亞灣核電站緊急通報機制會談等，一般都要經外事部安排協調，並視情派人參加。外事部還對廣東省檢察院（受最高檢察院委託）與香港廉政公署在「個案協查」方面的合作提供支持。

在內地居民「香港遊」安排方面，分社外事部起協調和主導的作用。該項目自八十年代初創辦以來，每兩年在內地召開一次會議，回顧項目執行情況。本人曾於 1995 和 1997 年分別在上海和南昌主持過回歸之前的最後兩次「香港遊」會議，港方分別由

當時的入境處副處長李家強和李少光帶領出席。這一機制在當時比較有效，而且運作良好，香港回歸後逐步改為「自由行」。在涉及香港回歸後旅行證件等問題上，當時本人曾作為新華社香港分社方面代表，參與由國務院港澳辦公室、外交部、公安部和新華社香港分社共同組成的特區護照專家小組，經常開會研究特區護照設計方案，並在設計過程中多次通過外事部與港方協調，徵求入境處的意見。

外事部結束其歷史使命前的最後一項任務，是參與香港回歸儀式安排的談判和慶典活動的各項籌備工作。為籌備回歸大典，中央成立了慶典委員會，並由國務院副秘書長李樹文擔任中央香港回歸及慶典活動籌備辦公室主任。新華社在第一線，也成立了分社慶典籌備辦公室，本人兼任「慶典辦」副主任。與過去英

1997 年 7 月 1 日，筆者在香港特區成立暨特區政府宣誓就職儀式會場

國撤出殖民地、殖民地獲得獨立不同，此次是中國收回香港，香港回歸祖國。在政權交接儀式的談判中，從儀式的舉辦地點到儀式進行過程中的每一項細微安排，無不反映中央慎密的外交策略和思考。而具體籌備和實施中英交接儀式和首屆特區政府宣誓就職儀式等慶典活動，則可以説是本人在香港工作期間最難忘的一頁。

香港回歸後，成為隸屬中央的特別行政區。外交部在港設立特派員公署，負責屬於中央的外交事務。香港與內地的事務性聯絡則由特區政府新設立的政制及內地事務局負責。鑒此，外事部已圓滿完成其歷史任務。張浚生副社長特地在外事部撤銷之前，在赤柱賓館與全體同事聚餐，不久后他也任滿返回內地，出任四校合併後的浙江大學黨委書記。

「九七」之後，本人經批准獲提前退休並留港，之後轉到企業工作。從幾十年的公務員生涯，轉到民營企業及社會服務，可以領略不同的人生滋味，加深對社會的認識。業已離休的周南社長對下屬比較了解，當本人向他求字時，老社長欣然命筆，以穩健的楷體寫下「乾坤萬里眼、時序百年心」十個大字相贈，令本人甚為感動，老社長的贈言為我的人生旅途注入了新的動力。

謹以此文獻給四十年前培養我成長的國光母校，獻給六十年前獨力在家鄉創辦學村的李光前先生，以及至今仍在支持國光辦學的新加坡李氏基金。

（原載 2002 年國光校友回憶錄《思源》，

本文稍有刪節）

回憶在廈大的日子

　　母校廈大即將迎來建校九十週年。1966 年，當筆者還是外文系二年級學生時，儘管已到「文革」前夕，當時學校仍在王亞南校長主持下，舉行了頗為隆重的四十五週年校慶。之後母校經歷了「文革浩劫」、災後重建與發展，直到今天的輝煌，從當年區區三千學子到今天數萬學生，又是一個四十五年。對於一所大學來說，四十五年也許不算很長，但對於人生，它橫跨了青年、壯年乃至進入老年，當年的莘莘學子已成為退休人士。不論文革中或畢業后經歷如何，六年的廈大生活始終是一段難忘的人生。

親切的廈大

　　1964 年 8 月底，當我提着簡單的行李、手持錄取通知書到達校門時，便有迎新的老同學帶我前往「風雨操場」報到，隨後又送我到囊螢樓三樓宿舍。一進門，只見一位個子不高、腳穿大頭皮鞋的同學迎上來自我介紹：我叫邱賢彬，杭州一中的，你就睡我上鋪吧，以後我們就是同學了。我對他說，我來自南安，國光中學的。當時的邱賢彬熱情爽朗，加上提前到校，向我介紹學

校和外文系的情況，有助於我融入新的環境。

隨後幾天，我懷着新生的好奇心，在校內及周圍走了走，發現除了囊螢、映雪、羣賢等幾座二十年代樓羣外，校內的教學、宿舍樓大多以地名、人名命名。而這些命名中，又以家鄉地名及華僑人名最多。例如，幾棟紅磚碧瓦的「芙蓉」樓，與家鄉芙蓉鄉同名；石牆紅瓦的「國光」樓羣，與母校國光中學同名；成義、成智、成偉樓，以家鄉知名愛國華僑李光前先生三個兒子命名；而據說「建南大禮堂」，其名則取自「福建南安」。這些熟悉的名字使我這個來自鄉村的新生對廈大頓生好感，對環境倍感親切！後來了解到，原來解放初期，校主陳嘉庚先生的女婿、著名南洋實業家李光前先生曾捐出鉅款，對廈大進行大規模的新建、擴建工程。李光前先生早年就在家鄉創辦教育事業，並於1952年成立「李氏基金」，將其股份收益悉數捐與基金會，惠及東南亞及中國內地，筆者就讀的國專小學、國光中學也都是三、四十年代李光前先生在家鄉創辦的。可以說，筆者是李光前、陳嘉庚先生捐資興學的最大受益者之一，對能考上這麼一所倚山傍海、綠樹紅花的重點大學，感到很幸運。

育人的廈大

從1964年9月到1966年6月「文革」爆發之前，雖然只有不到兩年時間，卻是打造專業基礎，增加社會知識，鍛煉個人意

志的難得機會。

那時候的外文系只有二百多名學生，學生人數據說是全校倒數第二。由於「偏安」於學校西南角，每天英語書聲朗朗，早晨還可以從擴音器聽到英國廣播公司（BBC）的英語新聞，曾被認為有點「特殊」並最為「洋氣」的學系。雖然學生不多，但是師資力量很強。我們這些低年級學生雖然還聽不到徐元度、陳福生這些老教授的課，但是葛德純教授的語音課、林紀熹老師的精讀課和蔡丕傑教授的泛讀課卻為我們打下頗為紮實的英語基礎。系主任劉賢彬教授在一次關於翻譯技巧的大課中，以抗美援朝戰爭中聯合國軍司令名字翻譯成「李奇偉」或「李奇微」為例，來說明翻譯的政治性，令人難忘。為了培養講英語的風氣，李燕棠書記這位當年上海聖約翰大學的畢業生，用英語做動員報告，起了很好的帶頭作用。

筆者在「文革」之前曾擔任本年級班長，即所謂「大班長」。1965 年高年級學生下鄉參加「社教」後，並兼任系學生會代主席，可以說這是除專業學習外，難得的實踐鍛煉。作為一所前線大學，廈大民兵師將每個年級編為一個民兵連，班長擔任民兵連長及武裝基幹民兵排長。武裝基幹民兵參與執行「海防哨」。雖然使用的是老式「七九」步槍和「盒子槍」，但是每月一個晚上的海防執勤、每週的擦槍保養（將武器部件拆卸，用機油拭擦乾淨後再復原）和經常性的操練對於每位同學、尤其是我這個民兵連長，都是前所未有的歷練。除此之外，還到前線部隊實際鍛煉。1965 年暑假，我們到黃厝某炮兵部隊「下連隊當兵」，每晚睡覺

前都要將「八二式」迫擊炮分拆放在各自的牀頭，隨時準備應付敵情。有一天早晨四點多，突然進行「拉練」演習，幾分鐘內隊伍集合完畢，進入前沿戰壕后，正好看到金門方面打過來的宣傳彈在陣地上空爆炸，敵傳單散落一地。這樣的生活，在國內其他大學恐怕難以體驗。

「文革」印象

《廈門大學校史（第二卷）》已對這一時期的歷史做了詳述。但是作為在廈大生活六年中有四年在「文革」中度過的校友，如果一點都不提及文革，這個回憶就不完整。歷史對這場浩劫早已作出結論，這裏只談點個人感受和經歷。

可以說，過去那種「階級鬥爭，一抓就靈」、「懷疑一切」以及對領袖的神化，是造成人人「爭當革命派」，乃至打壓對方以顯示自己正確的一個主因。否則就難以理解，報紙上一提到「破四舊」，就有學生衝到南普陀將四大金剛、十八羅漢統統砸毀；也難以理解為甚麼「革聯」、「促聯」兩派要同室操戈，爭個你死我活（據校史記載，有 14 名師生在運動中死亡）。

回想起來，筆者還算幸運。運動初期由於「路線覺悟低」而支持了上級派來的工作組，執行了「資產階級反動路線」，後來甚至被冠以「鐵杆保皇派」，乾脆兩邊造反派的活動都不參加，「逍遙」起來。並由於 1967 年夏天的武鬥及混亂而回老家數月，

藉此通讀了「毛選」四卷英文版。從 1968 年底到 1970 年初，廈門市「清理階級隊伍辦公室」（簡稱「三零辦」）向廈大外文系借調一些師生到海關「清理敵偽檔案」，筆者也是其中之一。我們主要是整理從 1900 年到 1949 年廈門海關和部分外國領事館的檔案資料，翻譯、製作了大量卡片。卡片上交后能否查出「敵情」，不得而知，但我們卻因此不必參加這期間學校裏的「鬥批改」，也算是一種解脫。

　　1970 年夏天，上級對 64、65 級學生統一進行畢業分配，絕大部分先到軍隊農場鍛煉。我與本年級另外三位同學于維香、劉桂萍、吳厚爐作為「外交部儲備幹部」分配到河北唐山某部隊農場。到達後發現這裏有來自全國十幾所大學外文系或外語學院的兩百多名學生。與其它農場不同的是，這裏除勞動外，還安排學外語時間。一年後，根據周總理關於要安排這批學生「回爐」進修的決定，大家又到北京外國語學院，連同該校同屆畢業生一起又學習了一年，然後再分配工作。三位同學分別到外貿部、七機部和交通部。筆者分配到外交部，開始了數十年的外事生涯。

後記

　　畢業後，七十年代筆者主要在駐外使館工作，八十年代主要從事民間外交工作，九十年代到駐港機構工作，有幸參與及見證了香港回歸祖國的全過程。2006 年，筆者收到參加母校八十五

週年校慶的邀請，遂相互聯絡一些校友返校一聚。也是在這次聚會上，同學們產生了發動外文系 64 級所有同學於金秋十月返校聚會的想法。

　　從四月到十月只有半年時間，大家說幹就幹，當即組成籌備小組，有的聯絡校友，有的籌劃款項，有的安排活動。在張世芳、黃建煌、吳少端等多位熱心同學的不懈努力下，終於實現了三十六年來首次同學聚會的願望。全年級（大班）六十四人來了五十多位，從風華正茂到兩鬢斑白，幾十年後重逢，大家只有激動與歡快，只有感歎與珍惜，只剩下美好的回憶。除了參觀主校園和漳州校區、回外文學院「探親」外，還組織了一次座談會，暢談畢業後各自的境遇。承蒙不棄，大家仍舊要我這個「老班長」主持。座談中發現，畢業後大家都在不同崗位作出不俗的成績。有的是中學校長、特級教師、大學教授，有的當公務員，還有的「下海」成功，做了老闆，並資助這次活動。在培養子女方面也頗有成就，許多子女出國留學，有的還是「全家皆廈大，子女雙博士」。雖然也有個別同學不盡如意，但是歷經文革滄桑、改革開放，數十年後大家仍能健康、平安地歡聚一堂，已經是莫大的幸運。

　　轉眼間，又迎來廈大九十週年大慶，僅以此文表達對母校的懷念、感謝與支持，並祝願廈大早日辦成世界一流學府。

2011 年 1 月 25 日

（原載廈大校友總會《南強情懷》2012 年）

2006 年 4 月，部分參加八十五週年校慶的同學在西校門合影，後排左一為筆者

2006 年 10 月，外文 64 級同學返校歡聚，與原系主任劉賢彬教授（前排右六）、林紀熹教授（前排右七）及學院領導等合影，前排右三為筆者

半世紀友情難忘
昔同窗再聚鷺島 ¹

　　2006 年 4 月，我們 64 級部分同學回母校參加八十五週年校慶活動，促成了當年 10 月的離校後首次大聚會，至今記憶猶新。同樣，部分同學去年 4 月參加外文學院九十週年院慶，也催生了藉今年（2014 年）入學五十週年之機再聚一次的計劃。經過努力，我們終於又在鷺島歡聚了。

　　在籌備此次活動過程中，我曾分別給上次活動的主要贊助者黃建煌、吳少端二位同學打過電話，他們都欣然表示支持。然而人生無常，建煌與少端先後於今年 3 月及 7 月在香港和廈門因病辭世。二位同學艱苦奮鬥，事業有成，而今卻英年早逝，令大家痛惜不已。可以告慰於二位學長的是，在香港及廈門的 64 級同學及部分 65 級同學，出席了他們的公祭或告別儀式，並以同學會名義送了花圈。許多同學通過微信羣抒發哀思，表達同窗手足情誼。另又得悉，鄭有禧同學不久前在其閩北老家仙逝，又是何等無奈與惋惜！

　　人生七十古來稀，我們都是接近或進入古稀之年的「長者」

1　此短文系為廈大外文 64 級校友 2014 年聚會特刊而作，也是在聚會上的致辭稿。

了。孔夫子説，「七十而從心所欲，不逾矩。」可以説，我們已達到能順心行事又不違規矩的境界。我們這一代人見證了新中國的發展歷程，雖然成長於物質匱乏的年代，後又受到文革動亂的干擾與影響，但是畢竟受過比較完整的傳統教育，人生觀早已建立。當年的廈大只有區區三千學子，我們都曾是有理想有抱負的大學生。參加工作後，我們都經歷了各自漫長的人生磨練，既有過一帆風順，更經歷種種坎坷，但是，到頭來還是各有精彩，各有所成，不管是在事業、家庭，還是在子女教育，甚至個人養生方面，都各有獨到之處。三代同堂，其樂融融固然是人生快事，執子之手、與子偕老也不失為美好人生。

八年前我們曾聚會過一次，那時候參加的人數比這次還要多。為甚麼要再聚？勿庸諱言，紀念入學五十週年只是個美好託詞，我們就是為了藉機重聚！正如有人將「同學」比喻為一杯濃烈的酒，這杯酒存放愈久，回味就愈綿長。在金秋季節、金秋年華裏重聚鷺島，回憶時隔半個世紀的同窗友情，交流釀造了幾十年的醇厚人生，甚至與時俱進，海闊天空地侃一侃當今的時髦話題，誰能説這不是一次最有意義的校友聚會？

最後，讓我們感謝所有關心、支持和參與籌備此次活動的學友，尤其是廈門的同學。各位的熱心奉獻，是辦好這次聚會的重要保證。

1965 年清明節，外文系 64 級全班同學在廈門解放紀念牌前合影

2014 年 10 月，參加廈門聚會的同學再次到紀念牌前合影，後排左三為筆者

我的東三環情結 [2]

　　八十年代的東三環路，可以說是一條近乎郊外的林蔭大道。長安大街在大北窯與東三環路交叉，出了大北窯就差不多是郊外，沒有甚麼像樣的樓房。最著名的設施反而是北京熱電廠，它擔負着各大機關和許多住宅的熱力供應。記得我們在北京的首次正式分房，是 1980 年分到中央工藝美術學院對面新樓的一套兩居室。該樓羣屬於 1976 年「7‧28」唐山大地震後北京興建的首批高層建築。單位設計簡單，進門就是廚房，然後是小過道通往房間，沒有廳。白粉牆，水泥地面，當時已經是好房子了，那時不興家居裝修，大概也修不起。由於剛從駐外使館調回不久，是從外交部招待所 (早年的「六國飯店」) 直接搬過來，也沒有甚麼傢俱。於是便用從使館調回時的包裝木料及收集到的邊角料，請郊外木工打了兩件簡單傢俱，再買一張鋼管牀，在這裏一住十幾年。女兒從上外交部東郊幼兒園開始，到光華路第四小學，到朝陽中學讀初中，陳經綸中學讀高中，都沒有離開過這一朝陽區的著名地段。

2　1992 年鄧小平「南巡」講話發表後，掀起新一波改革開放熱潮，北京和全國一樣迎來城市大開發，尤其是筆者原居地東三環路和光華路交叉一帶被確定為核心商圈（CBD）後，大興土木，面貌巨變。本文系 2008 年筆者看到開發商網上徵文後的隨心之作，得了「三等獎」。

那時候的東三環路，綠樹成蔭，樸實安靜。從樓上看下來，幾列行道樹形成一條綠帶往南北延伸，汽車也不多，以公交通道車為主。居民就在馬路兩旁樹下做晨運。記得代號「3501」的部隊被服廠外有一小片核桃林，每天清晨成了北京「鶴翔莊」氣功的練功點之一，由一位部隊離退的同志教授，學員多時達到二十幾人。

九十年代初，城市建設開始打破東三環綠帶的幽靜，修建立交橋使大部分周邊綠地和樹木不復存在，大北窰高架橋提升了周圍馬路的高度和嘈音的分貝量。1993 年，女兒正在準備高考，在家複習時就常被窗下工地及車流噪音所困擾。與東三環交叉的光華路當時主要是工廠區，著名的雪花牌電冰箱、雙鶴牌西藥都出產於這裏的工廠。隨着城市的發展，「國貿圈」、「CBD」概念的炒作和形成，這裏的地價突然金貴起來，成為政府重要財政收入。緊接着是徵地、拆樓，居民大都搬遷了。

去年女兒從國外回來探親，特地重返兒時熟悉的地方，只看到原「光華路四小」的五層教學樓還孤零零地立在那裏，作為施工單位臨時辦公處尚未拆除，其餘地方都建成高級寫字樓、公寓和酒店了：財富中心、國貿新樓、嘉里中心、國際公寓等等。女兒對這條路的變化甚為驚奇，不過，真正使她流連忘返、駐足最久的還是母校陳經倫中學，原因很簡單，只有這裏她才熟悉，才感到親切，才有一種歸屬感。

從居民區、工廠區到豪華寫字樓、現代商圈，東三環的變遷是國家和時代進步的象徵。硬件有了，還需要軟件，多一點人文關懷，多一點公平競爭，也許會使這裏更加完美。

探訪本會資深顧問和協校友

　　2014 年 5 月 18 日上午，李建福會長邀請本會永遠榮譽會長、永遠名譽會長以及部分理事會成員，前往新界粉嶺探訪本會資深顧問李和協校友。應邀參加探訪活動的有李金聰、陳鼎追、潘金源、李鐵聖、李民益、李遠榮、陳卿勝、劉文華、林智育、劉泉源、李樹春、李萍萍、張潤峯等校友（張高賢、戴建國兩位校友因事未能應邀參加）。

　　當天上午 10 點半，大家相約在東鐵線粉嶺站候車大堂集合，隨後步行五分鐘即到達和協校友的住所山翠苑。和協校友早已在大門口等候，把一行人迎至家中。剛一進門，大家忙着四處參觀，和協校友家居寬敞明亮，三房二衛一大廳，另有精緻的書房和寬大的廚房。最令人羨慕的是大廳南北皆有大窗，空氣對流，通風效果良好，周圍青山綠樹，環境優雅靜謐，誠為理想舒適之住所也。

　　和協校友及夫人熱情接待大家，他們早早準備了各種水果、花生、蛋糕，又忙着泡茶。大家一邊喝茶一邊聊天，其樂融融。大家最感興趣的是和協校友三十年不平凡的外交生涯。在大廳牆上，掛着原香港新華社周南社長贈送予和協校友的墨寶：「乾坤萬里眼，時序百年心」。香港回歸之前，和協校友曾擔任香港新

華社外事部副部長，參與香港回歸交接的有關工作。和協校友還拿出兩本相冊給校友們觀賞，它記錄了和協校友及其夫人三十年來外交經歷中的點點滴滴，校友們饒有興趣地翻閱詢問，對和協校友在外交戰線上所取得的成就深表敬意。

　　中午 12 點半，和協校友和夫人盛邀大家到附近酒樓飲茶。借此機會，建福會長向各位前輩虛心徵詢近兩年來對會務工作的意見，並根據本會章程的規定，就理事會換屆事宜聽取意見，大家暢所欲言，熱烈討論，達成共識。席間，陳鼎追永遠榮譽會長還提議以本會名義邀請海內外國光校友精英薈萃香港、深圳，座談交流，旅遊聯誼，加深校友之間感情。有關活動費用，他將盡力贊助，並請其他校友共同出力促成。在座校友一番熱議，並囑

左起：張潤峯、林智育、李樹春、劉文華、李萍萍、潘金源、李鐵聖、李和協、李金聰、李建福、陳鼎追、李遠榮、李民益、陳卿勝、劉泉源校友

理事會提出一份可行性方案再作決定。

　　下午 3 點多，校友們在依依不捨中與和協校友及夫人告別，感謝他們的熱情招待，使大家度過了一個愉快的星期天！

（原載國光校友《芙蓉網》，校友會秘書組）

第四章

在社會服務中充實人生

精準扶貧，創業脫貧
—— 仁善扶貧基金會五週年回顧

　　歲月倏忽，轉眼間仁善扶貧基金會已經成立五週年了。對一个基金會來說，五年時間不算長，不過，值得一提的是基金會的扶貧模式。實踐證明，這個模式效果不錯，受到廣泛關注與肯定。

　　基金會創始人陳守仁博士多年前就對朋友表示，他的子女已事業有成，孫輩基本上也都成家立業，有生之年要以社會服務為主，實踐「取之於社會、用之於社會」的理念。為此，陳先生幾次囑咐過我協助尋找有意義的社會捐款項目。隨後不久，中央扶貧開發工作會議於 2015 年 11 月 27 日在北京召開，習近平在會上提出「精準扶貧、精準脫貧」以及「扶貧不是慈善救濟，而是要引導和支持所有有勞動能力的人依靠自己的雙手消除貧困，開創美好明天」等重要論述。當時距離中央提出在 2020 年實現貧困人口全部脫貧還有五年時間，筆者覺得，若能參與國家扶貧攻堅行動，應當是很有意義的社會服務項目。當我提此建議時，沒想到已是 86 歲高齡的陳先生說，昨晚我也從新聞聯播看到了，扶貧的確是很有意義的項目，值得支持。經討論，我們認為有必要成立一個專注扶貧的基金會，遂於當年年底在香港登記註冊，

取名「仁善扶貧基金會」，「仁善」二字還包含「守仁做慈善」的意思。基金會成立之初，陳先生就決定先撥出 5,000 萬港元，用於內地的扶貧項目，隨後又將基金規模增至一億港元。

由於前些年，另一個成立更早的「陳守仁基金會」已經與外交部扶貧辦有過合作，當時主要向其在雲南的對口扶貧縣麻栗坡縣和金平縣做教育扶貧，例如捐建教學樓等。為此，我建議選擇外交部作為首個合作對象，陳先生欣然贊同。老先生從習主席「精準扶貧」論述出發，提出「精準扶貧、創業脫貧」理念和「無息借款，循環使用」的資金使用原則，所有扶貧款只用於產業扶貧項目。簽署捐款框架協議後，對具體項目都要先進行實地考察，確認符合資助條件後才安排簽署項目協議，明確各方職責。這樣做的目的只有一個，就是要求簽約各方確實負起責任，將扶貧措施落到實處。

2015 年底，受陳先生委派，我與外交部太平洋島國特使杜起文、部扶貧辦主任楊嫻及基金會同事到雲南麻栗坡縣對產業項目進行考察，並原則上同意實施產業扶貧。2016 年初，基金會主席陳守仁博士、理事長陳亨利博士親自到北京，與外交部簽署第一批 1,000 萬元的捐款協議，王超副部長出席簽字儀式並宴請基金會一行。該批捐款後來分兩批用於麻栗坡縣的 9 個產業扶貧項目，基金會為此前後去考察過三次。

從麻栗坡縣扶貧工作領導小組辦公室對仁善扶貧基金會資助項目 2018 年總結報告中可以看到，所扶持的 1,000 萬元資金，帶動了項目總投資 5,600 萬元，入股社員 3,698 戶，包括建檔立

卡貧困戶 866 戶，其中 734 戶貧困戶已達到脫貧標准。項目啟動後，當地主要通過兩種方式實施扶貧，一是通過經營主體帶動，按照「企業＋基地＋貧困戶」運作模式，幫助解決貧困戶缺項目、缺技術、缺基金的問題，形成幫助貧困戶脫貧致富的長效措施；二是通過合作社平台，規範化管理種植、養殖、加工，以略高於市場價收購，可有效降低投入、減少風險，保證農戶的收入。

在隨後的幾年中，仁善扶貧基金會先後與外交部、中央統戰部（海聯會）、全國台聯、河北省政協及省海聯會、福建省僑聯及泉州市慈善總會開展扶貧合作，受資助的地區包括：雲南省文山州麻栗坡縣、紅河哈尼族彝族自治州金平苗族瑤族傣族自治縣、貴州省黔西南布依族苗族自治州望謨縣、畢節市赫章縣、甘肅省蘭州市榆中縣、寧夏回族自治州廣河縣、河北省承德市隆化縣、福建省寧德市壽寧縣、柘榮縣，南平市順昌縣、政和縣、松溪縣，泉州市德化縣、永春縣等五省十四縣，均為當地的少數民族或貧困地區。基金會自費前往考察，翻山越嶺，早出晚歸，了解當地鄉鎮及候選項目的實際情況，為項目審批提供依據。基金會實地考察了 49 個項目，其中簽約並在執行的有 38 個項目，另有個別項目因近期疫情關係稍有延遲。基金會投入已達 6,000 萬元人民幣。部分項目已經到期並按時還款，用於投入新的項目。根據需要，有的項目得到續期。

雖然基金會創辦人陳守仁博士因年事已高未能親身到山區考察，但是我們每次考察後，老先生都會認真聽取口頭彙報並閱讀書面報告，然後提出他的看法，始終按該項目能否有發展潛力、

2017 年 6 月，基金會陳亨利理事長與統戰部（海聯會）仇昱副局長在香港簽署捐款協議（中排右起：兩岸「和發會」會長林廣兆、中聯辦台務部部長唐怡源、原全國政協常委林樹哲、中央統戰部副部長戴均良、基金會主席陳守仁、香港中聯辦副主任楊建平、中聯辦協調部部長沈冲、基金會副理事長兼秘書長李和協。后排右起：基金會副秘書長鄭亞鵬、中聯辦處長李文慎、鄧彬、基金會副秘書長孫敬珍）

2018 年 12 月，基金會副理事長、陳守仁博士幼子陳祖恆與外交部扶貧辦主任劉侃在北京簽署第二批捐款協議，外交部副部長王超、部辦公廳主任韓志強、基金會副理事長李和協等出席儀式

2019 年 6 月，泉州慈善總會會長沈耀欽、基金會副理事長李和協、德化縣政府代表及項目公司代表在德化縣簽署項目四方協議

2019 年 9 月，福建省僑聯主席陳式海（前中）與基金會副理事長李和協等到閩北考察產業扶貧項目

能否讓建檔立卡貧困戶得到實際利益作為主要評判標準。我們每到一處考察，都會與當地幹部和村民分享陳守仁博士的扶貧理念與良苦用心，許多人聽後甚為感動，認為陳老先生的這一創新扶貧模式功德無量，表示一定要用好管好善款，使之發揮最大效益。

考慮到去年「修例風波」以來香港的政經形勢，以及今年新冠疫情發生後諸多行業受到打擊、民生窘迫的狀況，陳博士與基金會同仁商量後，認為仁善扶貧基金會也應有所行動。近日，守仁先生從仁善扶貧基金撥出三千萬港元，與基金會顧問林廣兆先生在多個社團支持下，發起成立「仁善福來慈善總社」，希望藉此響應以董建華、梁振英為召集人的「香港再出發」大聯盟號召，為促經濟保就業作出貢獻。可以說，這也是仁善扶貧基金會在成立五週年之際，採取的另一重要行動，相信也將會有所作為。

（原載《海峽情》，2020 年 10 月）

京城四月春意濃

── 陳守仁博士慈善行

京城四月，楊柳吐綠，春意益然。2016 年 4 月 10 日，86 歲高齡的聯泰集團董事長、著名慈善家陳守仁博士再次來到北京。兩年前陳先生也曾訪京，參加在北京大學陳守仁國際研究中心舉行的捐款儀式，當時他向北大捐贈 1,500 萬元。

作為一位知名僑領，陳博士事業有成不忘桑梓。近幾年來，社會服務更已成為老先生的「主業」。這次來京也不例外，他將出席仁善扶貧基金會與外交部「產業扶貧捐款協議」的簽字儀式，並將再次到訪北京大學，出席「守仁樓」命名儀式，並捐款支持北大「新結構經濟研究中心」。

與外交部簽署「產業扶貧捐款協議」，緣於陳博士近年來與外交部在教育扶貧方面的合作，同時也是受到去年中央扶貧開發工作會議的啟發，陳博士將「精準扶貧、產業脫貧」作為今後慈善服務的一個重點，並為此登記成立「仁善扶貧基金會」，親自擔任會長。根據協議，此次基金會將向外交部捐出人民幣 1,000 萬元，用於雲南省麻栗坡縣的產業扶貧項目。

4 月 11 日上午，王超副部長在外交部會見了仁善扶貧基金

外交部副部長王超在捐款儀式前會見陳守仁博士

陳亨利理事長與楊嫻主任代表雙方簽署捐款協議（后排右起：部扶貧辦副主任孫靜、部辦公廳主任韓志強、基金會副理事長李和協、太平洋島國特使杜起文、基金會主席陳守仁、外交部副部長王超、部扶貧大使樂愛妹、基金會副秘書長孫敬珍、鄭亞鵬）

會會長陳守仁博士、理事長陳亨利博士和基金會同事。王副部長對陳老先生親自來京出席捐款儀式表示感謝，他說：「外交部的扶貧工作從 1992 年開始，各屆部領導都非常重視，目前扶貧工作已經到了攻堅衝刺階段。我曾在雲南工作過，也去過作為對越自衛反擊戰前線的麻栗坡，那裏確實貧困，山多地少，資金匱乏。您的資金支持，對於當地羣眾的脫貧將起到非常重要的作用。今天下午我將前往麻栗坡，再作一次實地考察，我們會非常認真地把項目落實好、推進好，使扶貧款發揮最大的效益。對於您的善舉，我代表外交部再次表示衷心的感謝！」陳守仁博士表示，自己出身於農村，對貧困生活感同身受，如果這個產業扶貧項目有助於村民實現脫貧，便是最大的成功！

　　簽字儀式在橢圓形大廳舉行，在王超副部長、太平洋島國事務特使杜起文、名譽扶貧大使樂愛妹、部辦公廳主任韓志強以及基金會同事的見證下，部扶貧辦楊嫻主任和基金會陳亨利理事長代表雙方在協議書上簽字，雙方人員熱烈鼓掌祝賀。王超副部長向陳守仁會長頒贈捐款證書及感謝信，並邀請客人到頂層大廳共進午餐，據介紹，這是外交部長宴請來訪各國外長的地方。席間，大家敘談甚歡，氣氛十分融洽。兩年前，筆者曾與陳亨利來京，向部扶貧辦做過一次教育捐款，大部分朋友此前即已認識。主管太平洋島國事務的杜特使，已經是老朋友了。而樂愛妹，這位為人低調的資深外交官、國務委員楊潔篪的夫人，筆者早就認識。1992 年她參加外交部官員團訪港，當時筆者在香港新華分社外事部工作，曾協助安排訪問並全程陪同。與部辦公廳主任韓

志強，也有在不同年代到駐日本使館工作過的共同記憶。一個多小時的午餐熱烈而緊湊，餐後王副部長一行直奔機場，前往麻栗坡考察。陳先生則返酒店稍事休息，準備下午的活動。

下午 3 時，北大教育基金會副秘書長耿姝到皇冠假日酒店，陪同陳守仁董事長一行前往北大。坐落於未名湖旁的教育基金會是一座古色古香的四合院，門前丁香盛放，院內柏樹常青。由於辦公面積有限，兩年前陳守仁先生從捐出的 1,500 萬元中，撥出 500 萬用於基金會後院一幢兩層中式樓宇的翻修工程，使之成為基金會的主要辦公場所。除了地上兩層外，地下一層還包括庭院的地下部分，天窗採光，寬敞明亮。為感謝陳守仁博士的善舉，北京大學決定將其命名為「守仁樓」。

車子駛近教育基金會門口，「北京大學守仁樓命名儀式」指示牌十分醒目。常務副校長吳志攀、教育基金會秘書長鄧婭及方正集團董事長張旋龍等已在門前迎候。陳守仁博士在眾人簇擁下，緩步進入院子。通道兩旁擺放多幅老先生此前到訪北大的照片。進入後院時，只見北大師生列隊鼓掌歡迎，陳先生與北大黨委書記朱善璐、新經濟結構研究中心主任林毅夫等熱情握手，場面歡快熱烈。

命名儀式由吳志攀教授主持，朱善璐書記首先致辭。朱書記表示，陳守仁先生在他的人生中以及經營企業時都恪守「守仁」之道，創造了卓越的成就。陳先生及聯泰集團多年來不僅為北京大學提供了物質支持，更貢獻了無價的精神力量。北京大學「守仁樓」的命名，一方面是為了感謝陳守仁先生，同時也揭示了北

朱善璐書記在命名儀式前會見陳守仁博士

京大學在扎根中國大地創建世界一流大學進程中必須堅持「明德守仁」的辦學方向。作為名譽校董，陳亨利在致辭中對北大以其父之名為新樓命名表示感謝，並為能參與北大的教育發展事業感到榮幸。亨利回顧了與林毅夫教授一起考察非洲的經歷，表示將支持林教授開展新結構經濟學研究，將中國的發展經驗介紹到非洲，幫助非洲脫貧和發展。隨後，陳守仁博士向北大新結構經濟研究中心贈送捐款支票，朱書記向陳博士頒發感謝證書。

　　林毅夫教授在致辭中表達了對陳守仁先生的敬仰和感謝。他提到，世界銀行的目標是要幫助發展中國家發展經濟、減少貧困。陳守仁先生是這方面的典範。他在多個發展中國家設立工廠，提供大量就業，對減少貧困發揮重要作用。總結陳先生的發

陳守仁基金會同仁與北大朋友在「守仁樓」前合影

展經驗，將其應用到其他發展中國家，這體現了新結構經濟學的理念。

在熱烈掌聲中，陳守仁董事長、陳亨利名譽校董和朱善璐書記、吳志攀常務副校長、林毅夫教授共同為「守仁樓」揭幕。共同見證這一時刻的還有張璇龍、鄧婭以及基金會同事。值得一提的是，北大教育基金會為揭幕典禮做了大量周到並富有創意的安排。學生樂隊在儀式上助興，女學生向陳先生贈送自己繪製的「守仁樓」水彩畫，北大教育基金會還特別定製了紀念紅酒。

當晚，朱善璐書記在北大芍園餐廳宴請了陳老先生一行。朱書記向陳博士頒贈「北京大學陳守仁教育基金」感謝牌匾，陳先生向各位北大朋友贈送親自簽名的「仁者壽」精美圖書，這是家族在其 85 壽辰時出版的紀念冊。看到 86 歲高齡的陳博士依然

精神矍鑠，談笑風生，大家爭着與壽星合影，老先生也是來者不拒，場面一片歡樂。常言道，厚德載物，仁者壽。每當聽到對其家族管理的讚美時，四代同堂的陳博士微笑着説：我們只是一個比較注重中國傳統的家庭而已。

（原載《海峽情》第 11 期，2016 年 8 月）

行善守仁　福壽雙全

——陳守仁博士九十華誕紀念冊序文

　　在陳守仁博士九十華誕紀念冊出版之際，陳老先生提議本人也寫點文字，作為序文之一。本人應邀加入聯泰大家庭已近二十年，尤其後來這些年作為集團顧問，主要參與陳博士創立的三個基金會的日常運作，協助策劃、安排與執行社會捐助服務項目，與老先生接觸比較多。將本人所了解的情況予以介紹，宣揚一下

老先生的大愛之心，不但很有必要，而且義不容辭。

　　早在 1986 年，守仁先生就在泉州創立陳守仁家族福利基金會，後來又在香港登記成立陳守仁基金會有限公司。陳先生熱心公益，捐資助學，知名度很高，在家鄉捐助比較突出的是對泉州師範學院、華僑大學及母校泉州一中的捐助，以及對祖居地王宮村及王宮小學的長期支持。陳先生不但出錢，還經常親力親為，注重項目進程，使之發揮良好效益。以籌建泉州師範學院陳守仁工商信息學院為例，記得 2003 年新年在泉州的一次餐聚上，市委書記施永康提到，泉州民營企業聞名全國，但是缺乏工商管理方面專業人才，建議陳先生創辦「守仁工商學院」承擔這一重任。陳先生對施書記的建議非常重視，並在市委常委、宣傳部長黃少萍的支持協調下，很快得到落實。當年 3 月，陳先生邀請泉州師範學院陳篤斌院長等到東莞聯泰商討合作辦學的具體辦法，並達成原則協議。當得知泉州師院正在籌備成立信息學院、擬邀請剛回國的泉籍哈佛大學博士歐陽鍾輝出任院長時，陳先生當即提議將兩個擬議中的二級學院合併，成為工商信息學院，由歐陽博士出任院長。在得到師院領導的支持後，守仁先生當即委派本人代表他前往泉州，與歐陽鍾輝博士面商。記得本人是在泉州航空酒店房間裏與歐陽見面的，雙方交談十分愉快，一拍即合，歐陽博士完全贊同陳董事長的提議。2003 年 4 月 23 日，「陳守仁工商信息學院」在泉州師院東海新校區正式掛牌成立。當天冠蓋雲集，同日下午還舉辦了「新世紀工商信息講座」，守仁先生眾望所歸，兼任學院董事長。其後，每年元宵節後我都會陪同董事長

前往泉州，參加工商信息學院年度董事會，每次會議都是陳先生親自主持，聽取報告，提出看法，研究新一年計劃，連續十三年，直到 2016 年。由於陳先生、師院和學院領導等各方面共同努力，多年來，「陳守仁工商信息學院」的招生錄取線、就業率都是師院各學院中最高的，被認為是師院的一張「名片」。2017 年，泉州師院根據發展需要，將「陳守仁工商信息學院」改名為「陳守仁商學院」。

與北京大學的教育合作項目也值得一提。1998 年，陳守仁博士在北大香港校友會林振寶會長推薦下訪問了北京大學，並很快地與北大校長許智宏院士成為好朋友。在許校長的支持下，「北京大學聯泰供應鏈系統研究發展中心」於 2002 年 9 月成立，成為當時國內最早研究供應鏈管理的機構之一，至今已有 18 年，前後擔任中心主任的有曹和平、李東和陳麗華三位教授，著名經濟學家厲以寧教授為中心顧問。

2001 年 11 月 12 日奠基的北京大學「陳守仁國際研究中心」，是時任北京大學校長助理兼教育基金會理事長、現任北大校長郝平教授直接參與促成的項目，歷時七年於 2008 年 6 月 7 日舉行落成典禮。該中心包括三棟新建或翻修的中式建築，分別以陳先生親屬名字命名為章桂堂、亨利樓和偉利樓，成為未名湖畔一道美麗風景。2014 年 3 月 9 日，北京大學在「陳守仁國際研究中心」為守仁博士舉行另一次捐款儀式，所捐 1,500 萬中，1,000 萬用於設立永久基金，以每年 50 萬利息加上校方配對 50 萬共 100 萬元，用於北大本科生到國外大學作短期交流，

另外 500 萬元用於北大教育基金會大院翻修。工程完成後，北大於 2016 年 4 月 11 日在教育基金會舉行「守仁樓」命名儀式。陳守仁博士、陳亨利博士專程前往出席。時任北大黨委書記朱善璐在儀式上作了熱情洋溢的講話，他說陳守仁先生及其領導的聯泰集團多年來不僅為北京大學提供了物質支持，更貢獻了無價的精神力量。北京大學「守仁樓」的命名，一方面是為了感謝陳守仁先生，同時也更揭示了北京大學在扎根中國大地創建世界一流大學進程中必須堅持「明德守仁」的辦學方向，著名經濟學家林毅夫教授和陳亨利博士也分別講了話。

守仁先生自幼在泉州上學時就十分崇敬孫中山先生。為弘揚孫中山精神、促進兩岸關係和平發展，守仁博士於 1998 年 8 月在香港發起登記成立孫中山文教福利基金會，並於同年底在北京人民大會堂舉辦的「孫中山文教福利專項基金」捐款儀式上正式對外宣佈，至今已經有二十一年。基金會曾先後邀請孫中山先生的孫女孫穗芳女士和嫡長孫孫治平先生出任名譽主席和榮譽會長。基金會的宗旨是：紀念孫中山先生，宣揚其歷史功績，弘揚其民族精神及民主愛國思想，推動文教福利事業發展。根據這一宗旨，基金會自成立以來在舉辦紀念孫中山活動、資助孫中山思想研究以及在捐建以孫中山命名的希望小學及紀念堂館等方面做了許多工作。基金會曾資助北京大學成立孫中山思想國際研究中心，資助浙江大學和南京大學成立孫中山思想研究所。基金會曾通過「孫中山文教福利專項基金」向清華、北大貧困學生發放助學金。在辛亥革命九十週年、一百週年紀念活動期間，基金會聯

合有關機構，舉辦「孫中山與辛亥革命」徵文比賽及「孫中山與現代中國」、「孫中山與親屬」圖片展覽等大型活動。2016 年，基金會參與主辦「香港各界紀念孫中山誕辰一百五十週年」系列活動，陳守仁博士是執行主席之一。

基金會長期支持香港浸會大學舉辦有關孫中山思想研究的學術活動。通過設立孫中山研究基金以及提供專項資助，使浸會大學每年都可以舉辦與孫中山有關的論壇和研討會，邀請兩岸三地及世界各地學者共聚一堂，發表研究孫中山的學術成果。作為基金會主席，只要情況允許，陳先生總要親自到會。原台灣中國文化大學社科院院長邵宗海教授有感於島內對孫中山的研究後繼無人，有意建立研究孫中山的「種子團隊」，培養研究孫中山的博士生，為此邵教授與我們接洽，希望得到陳博士的支持，守仁先生得知此事後當即予以同意。邵教授成立的「陳守仁孫學研究中心」至今已經五年，每年都與內地有關學術單位開展交流活動。

由於孫中山文教福利基金會是陳先生獨資設立的機構，活動範圍有限，2008 年，在基金會林廣兆顧問、陳金烈、陳亨利副主席等的支持下，守仁主席以基金會屬下的兩岸關係發展委員會為基礎，另行登記成立「兩岸和平發展聯合總會」，並擔任創會會長，「和發會」現已發展成為香港的一個重要社團。最近，在守仁先生倡議下，孫中山基金會和兩岸「和發會」聯合邀請著名經濟學家林毅夫教授來港出席論壇，今年 11 月 5 日至 6 日兩天，林教授分別作有關「中美貿易摩擦對雙方及全球經濟的影響」和「新中國七十年：現代經濟學反思與新結構經濟學」的演講，深

受各界歡迎。老先生以九十高齡親自致歡迎辭，實屬難得。

陳董事長說過，他的子女早已事業有成，孫輩也基本上都成家立業。他曾多次表示，有生之年要以社會服務為主，實踐「取之於社會、用之於社會」的理念，並幾次囑咐本人協助尋找有意義的社會捐款項目。也就在此前後，中央扶貧開發工作會議於2015年11月27日在北京召開，習近平在會上提出「精準扶貧、精準脫貧」以及「扶貧不是慈善救濟，而是要引導和支持所有有勞動能力的人依靠自己的雙手消除貧困，開創美好明天」等重要論述。當時距離中央提出在2020年實現貧困人口全部脫貧還有五年時間。我覺得，若能參與國家扶貧攻堅行動，應當是很有意義的。正準備提此建議時，沒想到老先生說，昨晚我也從新聞聯播看到了，扶貧的確是很有意義的項目，值得支持。經討論我們認為有必要成立一個專注扶貧的基金會，並取名「仁善扶貧基金會」。個人認為，「仁善」二字還包含「守仁做慈善」的意思。鑒於前些年我們與外交部扶貧辦已有過合作（當時主要是捐建教學樓），加之陳先生還是密克聯邦駐香港名譽領事，因此我建議選擇外交部作為首個合作對象，陳先生欣然贊同。老先生從習近平主席的「精準扶貧」論述出發，進一步提出「精準扶貧、創業脫貧」理念和「無息借款，循環使用」的資金使用原則，所有扶貧款只用於產業扶貧項目。簽署捐款框架協議後，對具體項目都要先進行實地考察，確認符合資助條件後才安排簽署項目協議，明確各方的職責。這樣做的目的只有一個，就是要求簽約各方確實負起責任，將扶貧措施落到實處。2015年底，我受陳先生委派，

與中國太平洋島國特使杜起文、外交部扶貧辦及基金會同事到雲南麻栗坡縣對具體項目進行考察。2016 年初，基金會主席陳守仁博士、理事長陳亨利博士親自到北京，與外交部簽署第一批 1,000 萬元的捐款協議，王超副部長親自出席簽字儀式並宴請基金會一行。

在隨後的幾年中，仁善扶貧基金會先後與外交部、中央統戰部（海聯會）、全國台聯、河北省政協及省海聯會、福建省僑聯及泉州市開展扶貧合作，我們到過雲南、貴州、甘肅、河北、福建等地的少數民族州縣或貧困山區，翻山越嶺，前後實地考察了 49 個項目，其中簽約 37 個，投入資金已超過 5,000 萬元人民幣。部分項目協議已經到期並按時還款，根據需要有的項目得到續期。雖然老先生因年事已高未能親身到山區考察，但是每次考察後，守仁先生都會認真聽取口頭報告和閱看書面報告，並提出看法。我們每到一處考察，都會與當地幹部和村民分享陳守仁博士的扶貧理念與良苦用心，許多人聽後深為感動，認為陳老先生的這一創新扶貧模式功德無量，表示一定要用好管好善款，使之發揮最大效益。

記得在陳守仁博士八十華誕之際，我與夫人曾致送過牌匾，內鐫刻一幅對聯：「且喜八秩今尤健，共祝百歲福更長」。十年後的今天如果再送一幅，只要將「八秩」改為「九秩」，即十分完美。以老先生今日的精氣神，以及其「生命不息、行善不止」的精神境界，可以預期「共祝百歲」的那一天必定會到來！

（2019 年 11 月 28 日）

甘肅榆中促產業扶貧
引港資激發「造血能力」

　　「我們要確保這筆捐款能真正有助於貧困戶脱貧，然後讓它循環利用下去。」4月8日，香港仁善扶貧基金會副理事長兼秘書長李和協在參觀完甘肅榆中縣康源蔬菜產銷專業合作社的草莓種植大棚後説，他對此次捐助的扶貧項目很有信心。

仁善扶貧基金會與榆中縣政府舉行扶貧項目簽約儀式

　　當日，香港仁善扶貧基金會與榆中縣政府舉行了扶貧項目簽約儀式。仁善扶貧基金會為榆中縣捐資 100 萬元，由康源蔬菜產

李和協副理事長代表基金會接受王林縣長代表縣委縣政府贈送的錦旗

銷專業合作社免息貸給有意願加入合作社、但是缺乏啟動資金的貧困戶，幫助其脫貧。

相較於直接捐資蓋房修路，李和協坦言，此種捐款對於基金會來說，要實時跟進錢款的使用以及回報情況。項目到期借款收回到縣之後，將繼續用於扶持下一個產業扶貧項目，使有限的資金發揮出更大的作用。這正是精準扶貧、產業扶貧的意義所在。

作為國家六盤山連片特困地區扶貧縣之一，榆中縣近年來舉全縣之力推進精準扶貧精準脫貧。榆中縣長王林表示，以打造智力、電商、光伏、旅遊、生態五大縣域扶貧品牌為抓手，榆中縣開創了扶貧新模式，實現從「大水漫灌」、「單兵突擊」、普惠支援向精準施策的轉變。

通過一系列舉措，榆中縣持續加大產業扶貧力度，改善農村基礎設施，逐步提升農民生活品質。截至 2016 年底，全縣貧困人口由 2014 年的 83,213 人減少至 7,681 人，貧困發生率由 21% 降至 1.97%，農民人均可支配收入達到 8,763 元。

參觀榆中康源蔬菜產銷合作社「陽台」蔬菜

以高原夏菜種植、收購和外銷工作為主的康源蔬菜產銷專業合作社的成立，是榆中縣加快產業扶貧的體現。通過合作社的引領和輻射帶動，實現經濟、生態和社會效益的統一，並帶動現代設施農業和生態循環農業發展。

「香港仁善扶貧基金會的 100 萬元借款，我們將全部用於榆中縣建檔立卡貧困戶及一般貧困戶的建棚所需。」康源蔬菜產銷專業合作社理事長談應勇承諾，作為此次借款項目的承擔者，他將發揮好合作社在扶貧攻堅中「內聯農戶、外聯市場」的紐帶作用，用好每一分錢，帶動農戶通過發展設施蔬菜產業脫貧致富。

　　在具體實施過程中，談應勇介紹，他們將按照「統一標準、集中連片、規模發展」的要求，以「集團連基地帶農戶」訂單化種植銷售為模式，結合自身在建棚、種植、管理、質檢、銷售等方面的優勢，做好 300 座鋼架大棚建設、育苗、生產物資供應等方面的工作，帶動周邊貧困戶實現基本脫貧。

　　當地官方預計，此次扶貧項目的簽約，將帶動 200 戶以上的貧困戶實現基本脫貧，而李和協更希望，這筆錢可以循環運作下去，鼓勵更多村民發展「造血能力」，真正地讓貧困戶獲得脫貧致富的能力。

　　　　　　　　　（原載中國新聞網，2017 年 04 月 08 日，楊娜）

仁善扶貧基金會赴麻栗坡
考察產業項目並舉行簽約儀式

　　6月27日至29日，仁善扶貧基金會代表李和協先生與孫敬珍女士在外交部扶貧辦主任楊嫻參贊的陪同下，赴麻栗坡縣考察合作社產業項目並舉行產業扶貧項目簽約儀式。縣委常委、副縣長雷建軍，縣外援辦、縣供銷社相關人員陪同考察。仁善扶貧基金會以「精準扶貧、創業脫貧」為宗旨，由愛國僑領陳守仁先生於2015年11月發起成立。在外交部聯繫下，今年4月，基金會決定捐資1,000萬元，用於扶持麻栗坡產業發展，通過產業項目幫扶建檔立卡貧困戶脫貧致富。

　　項目簽約儀式於6月29日舉行。外交部扶貧辦主任楊嫻參贊、仁善扶貧基金會李和協先生、麻栗坡縣外援辦及麻栗坡縣第一批四家受扶持合作社理事長四方分別在合作協定上簽字。此次簽約扶持金額共計人民幣460萬元。1,000萬元捐資中的其餘540萬元產業扶持資金，將繼續用於扶持麻栗坡縣產業項目發展，帶動更多建檔立卡貧困戶脫貧致富。

　　考察團一行對四個合作社進行了實地考察，每到一處都詳細了解合作社的發展現狀、規劃、困難及對建檔立卡貧困戶的具體幫扶措施。考察團對合作社的發展、運營模式及帶動貧困戶的措

施給予肯定，希望此次項目合作成功，帶動更多建檔立卡貧困戶通過創業脫貧致富。

（原載外交部外交扶貧網頁，2016 年 7 月 6 日）

仁善扶貧基金會赴金平
考察項目並舉行簽約儀式

10月16日至17日，香港仁善扶貧基金會負責人李和協，副秘書長孫敬珍一行在縣人民政府黨組成員、縣脫貧攻堅指揮部副指揮長李雲福及縣相關部門工作人員的陪同下到我縣考察產業項目。

考察組一行不辭辛勞，先後考察了提出借款申請的金平金合鹿畜牧養殖有限公司土雞養殖基地及小米辣種植基地項目，金平縣傣麗農業科技專業合作社生態魚養殖項目，金平興界養殖專業合作社小耳朵豬養殖項目，金平墾積果蔬產銷專業合作社朝天椒種植項目。考察組每到一個項目點都詳細了解合作社的運行經營情況、扶貧減貧機制、目前存在的困難問題和項目發展的前景，並對項目的發展預期給予肯定。

10月17日下午，香港仁善扶貧基金會負責人李和協、外交部扶貧辦主任劉侃、金平縣外援項目辦公室主任王熊華分別與三個合作社（傣麗農業科技專業合作社、興界養殖專業合作社、墾積果蔬專業合作社），在外交部黨委書記齊玉（當時在金平考察）、外交部辦公廳主任韓志強、雲南省外事辦公室主任浦虹、紅河州州委副書記州長羅萍、金平縣縣委書記晉洪江，以及縣委

在田間聽取蔬菜項目負責人介紹

在外交部黨委書記齊玉（後排中）等的見證下簽署產業幫扶項目

副書記、縣長吳華昊的參與見證下，簽署了四方協定。

　　考察組一行會後表示，將繼續關注項目的進展，希望將扶貧款的作用發揮到極致，在帶動合作社發展的同時，可以帶動更多的建檔立卡貧困戶，使他們獲得切實利益。

　　在外交部的牽線搭橋下，香港仁善扶貧基金會向金平縣捐款1,000萬人民幣，首次投入500萬用於產業扶貧，支援我縣產業發展。通過此次考察，仁善扶貧基金會支持三個有帶動效應的合作社，實行無息投入、有借有還、限期使用、滾動發展的原則，旨在扶持金平縣產業發展，助推脫貧攻堅，帶動貧困農戶，尤其是建檔立卡貧困戶脫貧致富。

　　　　　　　　　　（原載多彩金平，2019年10月20日）

泉州推行新型慈善扶貧模式

　　6月9日，記者從泉州市慈善總會獲悉，經過上週的現場走訪，香港仁善扶貧基金會、泉州市慈善總會、德化縣人民政府分別與德化兩家企業簽訂精準扶貧項目合作協定。據介紹，這是我市首次以慈善資金注入企業，再通過企業帶動貧困戶脫貧的精準扶貧方式。

實地走訪資助企業　重點考察扶貧助困

　　上週，香港仁善扶貧基金會副理事長兼秘書長李和協一行，在泉州市慈善總會、德化縣人民政府等部門人員陪同下，先後深入德化縣祥山大果油茶有限公司（以下簡稱「祥山大果油茶公司」）、德化縣雙全農業有限公司（以下簡稱「雙全農業公司」）兩家企業考察。

　　在祥山大果油茶公司，考察人員聽取了公司負責人林安娜對企業的介紹，又對該公司的油茶基地規模、生產設備、產品種類、市場競爭力等各方面進行了詳細詢問了解。

　　次日，考察人員驅車兩個多小時，來到雙全農業公司位於德

考察棘胸蛙生態養殖基地

化縣春美鄉深山峽谷中的棘胸蛙生態養殖基地，了解棘胸蛙從育苗到孵化到蝌蚪再到成蛙的全部過程。

在兩家企業考察時，考察人員重點詢問了企業在帶動貧困戶創收、精準扶貧等方面的工作情況。

企業獲得無息貸款　帶動羣眾增收脫貧

走訪結束后，仁善扶貧基金會、市慈善總會、德化縣政府與兩家公司簽訂了精準扶貧項目合作協定。根據協定，仁善扶貧基金會通過泉州市慈善總會向祥山大果油茶公司、雙全農業公司分別提供扶貧資金人民幣 300 萬元和 200 萬元，用於產業扶貧項目建設，促進林下經濟產業發展，帶動山區羣眾脫貧致富。

　　該款項以無息借貸、循環使用，擴大扶貧效益的方式進行，合作期限三年。三年期滿，兩家公司將把這 500 萬元歸還給市慈善總會。此後，相關部門再尋找合適的企業進行產業扶貧循環利用。

　　按照協定要求，兩家公司在投資發展增效後，要熱心慈善公益，投身扶貧事業，每年提取扶貧專項資金匯入泉州市慈善總會仁善扶貧基金專戶，用於幫扶貧困戶和救助因病、因災致貧致困的低收入家庭羣眾。

　　此外，兩家公司每年對其挂鈎的貧困戶、低收入家庭進行扶貧：其中，祥山大果油茶公司以高於市場的價格，收購幫扶對象的油茶籽和茶油，並直接帶動林農墾復、改造提升油茶林 2,000 畝，帶動貧困戶、低收入家庭增收脫貧；雙全農業公司以高於市場的價格，收購幫扶對象養殖的棘胸蛙及其飼料，帶動貧困戶、低收入家庭增收脫貧。

　　據悉，這種將慈善資金注入當地相關龍頭企業，支持企業發展，再由企業以產業帶動的方式帶着貧困戶脫貧的精準扶貧模式，在我市還是首次運用。

成立仁善扶貧基金會　已資助 20 多家企業

　　協議簽訂，意味着產業扶貧工作正式開始。據介紹，香港仁善扶貧基金會、泉州市慈善總會將對兩家公司扶貧資金的使用、

扶貧效益進行跟蹤監督。「一年後，我們還會來檢查，看看扶貧的效果怎麼樣。」協議簽訂後，李和協先生介紹，為回應中共中央國務院提出打贏脫貧攻堅戰以及在 2020 年實現全國脫貧的號召，愛國僑領、聯泰集團董事長陳守仁博士在多位社會知名人士和朋友的支持鼓勵下，於 2015 年 12 月發起成立仁善扶貧基金會，並決定撥出 5,000 萬元港幣作為發起基金。基金會在香港登記成立，並在北京和泉州設立聯絡處。

基金會以「社會服務、慈善扶貧」為基本宗旨，通過與相關機構合作，實施一系列精準、可持續的計劃與措施，旨在提高貧困地區人羣的勞動所得及教育水準，改善其生活素質及自我發展能力，從而實現脫貧。

實現貧困人口長期穩定就業與增收，產業扶貧的基礎性地位至關重要，此次產業扶貧是從陳守仁博士「產業扶貧、創業脫貧」的理念出發的。基金會成立以來，已經先後在雲南、貴州、河北、福建等地通過產業扶貧的方式，資助了 20 多家企業。

（原載中國新聞網，2019 年 6 月 10 日，記者陳明華）

仁善扶貧基金會赴赫章
調研扶貧工作

　　10 月 12 日，中央統戰部辦公廳副主任李永平、仁善基金會副理事長兼秘書長李和協等一行七人組成調研組，赴赫章開展扶貧調研。省委統戰部秘書長、機關黨委書記邵剛，畢節市委組織部部長、市委統戰部部部長張欣，市委統戰部常務副部長廖碧江

李和協副理事長等考察蘑菇種植基地

陪同部分調研。

　　上午，調研組一行在結構鄉貴州彩虹生態農業科技開發有限公司調研。隨後分兩個組分別到結構鄉多魁村、毛姑村和青江村調研產業發展和村黨支部建設情況。李永平一行考察了結構鄉多魁村經果林套種中藥材基地，毛姑村大豐盈蔬菜瓜果種植基地和食用菌種植示範基地，聽取了結構鄉產業發展思路和脫貧攻堅的情況彙報，劉軍介紹了赫章經濟社會發展情況和夜郎歷史文化。

　　李和協詳細了解了結構鄉產業運作模式，貧困戶參與入股分紅等情況。考察組一致認為，在地處邊遠山區的結構鄉能做出這麼大的產業，實屬不易，並對赫章統一戰線參與脫貧攻堅工作給予了充分肯定。張奔一行考察了中央統戰部「聯村幫扶」青江養牛項目和「千企幫千村」中草藥瓜蔞項目，並分別在多魁村和青江村委會召開村支兩委座談會，駐村第一書記和村支部書記彙報了本村基本情況、村支部黨建情況和產業發展的需求。張奔對村幹部的工作給予充分肯定，希望他們充分發揮黨員模範作用，帶領群眾脫貧致富，並從中央統戰部機關黨委留存的清繳黨費中，分別捐贈兩個村每村 30,000 元，支持村黨建工作。下午，調研組分組考察了水塘堡鄉柳江集團蛋雞養殖項目、六曲河鎮家竹村「聯村幫扶」養豬、養牛、養蜂項目和優農谷生態養豬項目。

　　據悉，本次調研后，仁善扶貧基金會將捐資 800 萬元支持赫章產業發展，帶動建檔立卡貧困戶脫貧致富。

（原載貴州省委 2017 年《統戰簡訊》，

赫章縣委統戰部）

陳守仁基金會秘書長李和協先生一行蒞校訪問交流

　　4月7日上午，受校董事會顧問、香港聯泰集團董事長陳守仁博士委託，聯泰集團資深顧問、陳守仁基金會秘書長李和協先生及夫人宋韻芳女士，泉州陳守仁家族福利基金會秘書長李國才先生一行蒞臨我校現場考察，商洽陳守仁大樓冠名相關事宜。校長黃世清、黨委副書記莊一民、副校長林昭永熱情接待李和協一行，與他們親切座談並陪同考察。

　　座談期間，黃世清代表學校對客人的到來表示歡迎，向陳守仁先生對學校辦學的大力支持表示感謝，並簡要介紹了學校近年的發展和二期擴建工程的建設情況。李和協對學校的辦學發展給予誠摯祝賀，並詳細了解陳守仁大樓的冠名方案，且就具體事宜與校領導進行深入交流。他表示，將向陳守仁博士彙報學校發

展的良好態勢及大樓冠名的具體方案，希望學校培養出更多的優秀人才服務社會。

　　座談結束後，李和協一行在校領導陪同下參觀了材化實訓大樓、智慧製造實訓大樓、土建實訓大樓、海絲文化集鎮等。黨政辦、董事會秘書處等部門領導參加了考察和座談。

文／黨政辦 蔡君雄 國際交流學院

圖／伍文華

（原載黎明職業大學網頁，2019 年 4 月 10 日）

聊城大學敦聘李和協先生
為太平洋島國研究中心顧問

　　12 月 13 日上午，我校敦聘中華太平洋島國經濟文化協會副會長、聯泰國際集團資深顧問李和協先生為太平洋島國研究中心顧問儀式在太平洋島國研究中心會議室舉行。校黨委常委、副校長王昭風，發展規劃與學科建設處、人文社科處處長、中心執行主任陳德正，歷史文化與旅遊學院院長李增洪，黨總支書記張金保及中心部分研究人員、研究生參加儀式。

　　王昭風副校長對李和協先生的到來表示熱烈歡迎並為其頒發顧問聘書。隨後，陳德正教授介紹了太平洋島國研究中心成立六

年以來在團隊建設、學術研究、服務社會和對外交流等方面取得
的成果，回顧了中心與聯泰集團的多次友好交往，希望李和協先
生今後能夠進一步對中心的發展提供指導和支持。

　　李和協先生結合中國太平洋島國經濟文化協會「牽線搭橋」
的理念，講述了自己數十年來從政府外事部門到企業工作的豐富

經歷，與在座研究人員就中美外交關係、未建交島國與中國的外交狀況、中國與太平洋島國關係的發展趨勢，以及以聯成漁業為代表的中國遠洋漁業在太平洋島國地區的發展狀況等話題，展開了熱烈討論。

陳德正教授感謝李和協先生提供的來自第一線外事工作者的寶貴經驗，也希望李和協先生能夠再次蒞臨太平洋島國研究中心指導工作。隨後，李和協先生一行參觀了中心主題展室和資料室，對中心取得的豐碩成果表示稱讚。

（原載聊城大學太平洋島國研究中心網頁，

2018 年 2 月 14 日）

增民間交往　促島國友誼

　　紫荊按語：中國同太平洋島國的友好交往源遠流長。自二十世紀七十年代建立外交關係以來，中國同島國交流合作不斷拓寬，涵蓋了貿易投資、海洋環境、防災減災、減貧扶貧、醫療衛生、教育、旅遊、文化、體育、地方等二十多個領域。中國向島國提供不附加任何政治條件的經濟技術援助，為島國培養各領域人才約一萬人次。新冠疫情暴發以來，中國累計向島國提供近六十萬劑疫苗，各類抗疫物資超過一百噸。2014 年和 2018 年，中國國家主席習近平兩次訪問南太並同建交島國領導人舉行會晤，開啟了中國同太平洋島國關係發展的歷史新篇章。今年 5 月 30 日，第二次中國 - 太平洋島國外長會在斐濟成功舉辦，國家主席習近平向外長會發表書面致辭，強調中國始終是太平洋島國志同道合的好朋友、風雨同舟的好兄弟、並肩前行的好夥伴。在中國與太平洋島國友好交往歷史中，民間交往也作出了重大貢獻。本刊謹以此文，回顧中國與太平洋島國民間交往的一些方面，由此展望中國與太平洋島國更加務實美好的交流前景。

　　今年 5 月 30 日，第二次中國 - 太平洋島國外長會在斐濟成功舉辦。國務委員兼外長王毅在會後歸納的五點共識中，特別強

調了中國不是太平洋島國的「新來者」，雙方是相知相交多年的「老朋友」，中國與島國交往源遠流長。對此筆者完全贊同，並頗有體會。

　　筆者與太平洋島國的緣分始於 2002 年，當時筆者協助所在企業在深圳建立一家以島國業務為主的遠洋漁業公司，並在前期參與經營管理。經過二十年的發展，公司已成長為中國主要遠洋漁業企業之一。公司在中西太平洋密克羅尼西亞聯邦的波納貝、科斯雷，馬紹爾羣島的馬朱羅以及帕勞島設有金槍魚漁業基地，業務涉及捕撈、加工、補給、物流運輸及漁船維修等方面。在南太島国薩摩亞有超低溫金槍魚漁船管理及補給基地，船隊在庫克羣島海域作業。公司通過繳納入漁費、基地租金、聘用長期或季節性基地員工以及招聘當地船員等方式，為增加政府稅收及居民收入、發展島國經濟作出貢獻。與此同時，公司還通過加強與島國政府、邦交國的双方大使館以及民間機構的聯繫，投入社會服務。

以企業為平台增了解促交流

　　我們曾多次在香港和深圳接待來華訪問的島國總統、副總統、總理、州長等政要，也邀請過非建交國的國會議員以個人身份訪華，增加他們對中國的了解。公司投資方曾於上世紀七、八十年代在關島、塞班島及島國地區投資經商，熟悉當地人文歷

史，對溝通雙方發揮了作用。2007 年密聯邦總統伊曼紐爾·莫里訪華，並為該國駐華使館開館揭幕。總統一行經香港停留期間由聯泰集團安排接待，增進了相互間的了解。回國之後，為加強與中國的聯繫，莫里總統提議集團主席陳守仁博士出任密克羅尼西亞聯邦駐港名譽領事。2012 年，陳博士正式出任名譽領事，並發起成立「中華太平洋島國經濟文化協會」，邀請斐濟駐港名譽領事李汝大博士等人士加入，作為進一步加強與各島國交流的民間平台。

過去三十年來，中國在太平洋島国實施了大量的經濟援助項目，据筆者所知，僅在密克羅尼西亞聯邦就有示範農場、體育館、州政府大樓、中西太平洋金槍魚協會大樓、公路、橋樑，以及客貨兩用輪船等。中國的對外援助從來不附加任何政治條件，作為密聯邦的主要外來投資者，公司也積極參與當地社會服務，例如通過基金會與大學建立合作關係，支援當地救災、抗疫等。基金會還與密駐華使館合作，提供獎學金，安排密學生到泉州師範學院留學，畢業後可由基地公司擇優錄用。

公司船隊還發揮人道主義與國際主義精神，多次實施海上救助。例如，2006 年 9 月，公司馬紹爾基地漁船（福遠漁 047）在作業海域發現遠處有小船擺動紅旗，似為求救，當即前往察看。他們发现該小船已失去动力，船上四人中有婦女和兒童，已無法站立，情況危急。我船員立即停止作業，將他們救上船，妥善安置後，還將該小船吊上我船，經過兩天航行後回到基地。据了解，該一家四人是出海釣魚休閒的密聯邦特魯克州居民，因機械

2012 年 10 月 24 日，外交部署理特派員洪小勇向陳守仁博士（左二）頒發領事證書

2007 年 12 月 21 日，在密克羅尼西亞聯邦駐華大使館開幕式上（自左至右：聯泰集團總裁陳亨利、密政府部長、密聯邦總統莫里、外交部部長助理張業遂、中國駐密大使劉菲、深圳聯成漁業總經理李和協）

故障已在海上漂流多日。被救人士後由馬紹爾移民局安排返回密國。公司的另一艘作業漁船（深聯成 802）也曾在航行途中發現一艘遇難下沉的日本玻璃鋼漁船，當即將已在救生筏裏待援的 14 名日本船員救上我船，隨即返回基地。我漁船的這些義舉，雖然從經濟角度上看很不合算，但是在當地深受好評，為國爭光，收穫的友誼是無價的。

以協會為平台探討合作空間

太平洋島國普遍具有陸地面積小、人口少、交通不便、經濟發展滯後的特點。不過，這些國家海域遼闊，有的多達數百萬平方公里，有豐富的待開發資源。中華太平洋島國經濟文化協會成立以來，多次與島國及有關方面探討，如何從民間層面支持配合島國的經濟發展。協會曾於 2017 年和 2018 年與有關單位合作，分別在薩摩亞首都阿皮亞和密克羅尼西亞聯邦波納貝州舉辦以支持島國發展為主題的研討會。

2017 年 9 月 7 日，第 29 屆太平洋島國論壇在阿皮亞舉行，中國－太平洋島國論壇對話會特使杜起文大使出席。我們利用各島國代表比較集中、可以就近與會的機會，與薩摩亞駐華使館、太平洋島國論壇北京代表處和中國（深圳）綜合開發研究院一起，聯合主辦了「21 世紀海上絲綢之路：中國 - 太平洋島國可持續發展經濟合作研討會」，請參與島國論壇的各國政要出席，共

2018 年 9 月，中國—太平洋島國海洋經濟研討會會場

2009 年 3 月，時任深圳市副市長張思平（右四）一行考察島國時觀看卸魚作業

商如何支持島國發展及開展人文交流。中華太平洋島國經濟文化
協會及深圳聯成漁業代表在會上就發展海洋漁業及島國旅遊作了
專題發言，並為研討會舉辦了招待晚宴。會議期間，我們見到了
許多島國老朋友，作了廣泛深入交流，並邀請與會人士到碼頭參
觀我國漁船。

2018 年 9 月，中華太平洋島國經濟文化協會邀請中國（深
圳）綜合開發研究院院長、著名經濟學者樊綱一行到島國考察，
並在密聯邦波納貝州，與密政府資源發展部聯合舉辦「中國 - 太
平洋島國海洋經濟研討會」，就中國與島國在「21 世紀海上絲綢
之路」框架下的通訊、交通、新能源等基礎建設、漁農業可持續
發展及旅遊環保等領域的合作，與密政府官員、行業專家學者進
行了深入探討。與會者分析了密國的資源優勢與短板，對民間投
資者如何支持密經濟發展進行了交流，中國駐密聯邦大使黃崢全
程出席研討會並作了發言。研討會後，協會安排樊綱一行拜會波
納貝州州長皮特森，並考察了金槍魚海水養殖試驗場。

地方省市參與島國援助項目

目前，14 個太平洋島國中，已有 10 個與我國建交，超過總
數的三分之二。除了中國中央政府的援助外，近年來，我國地方
省市也加強與太平洋島國的交往，加大援助力度。各省市與島國
建立的友好省州或友好城市關係達到 22 對。地處沿海的廣東、

密克羅尼西亞聯邦波納貝州漁業基地

山東、福建和浙江等省與島國結好較多。尤其是地理相近、氣候相似的廣東省，承擔了更大的任務。據統計，僅是高層互訪一項，2015 年以來，就有 70 批次島國部長以上官員訪問過廣東省，包括先後兩任省委書記在內的 11 位省部級以上領導到過太平洋島國訪問考察，雙方簽署了多方面的合作協議。從經貿到民生，從文教體育到醫療衛生，從項目建設到物資贈送，廣東都有大量的投入。值得一提的是，以增進漁業交流合作、支持島國經濟發展為主題的「首屆中國 - 太平洋島國漁業發展合作論壇」於 2021 年 12 月 8 日以線上和線下相結合的方式在廣州南沙成功舉

辦。今後，該項目將作為年度論壇落戶廣州。

　　作為「一帶一路」倡議的南向延伸地帶，太平洋島國也受到我國學界越來越多的重視，已有多個島國研究機構在各地設立，其中值得關注的是山東聊城大學的太平洋島國研究中心。該中心成立之初，中心主任陳德正教授曾到深圳與我們交流及了解島國情況，希望加強合作，我們協助安排該中心學者到過帕勞、密克羅尼西亞聯邦等地考察調研。該中心還通過聯合辦學及孔子學院等項目，派教師到南太島國支教。筆者曾於 2018 年底應邀到該中心參訪，並受邀為中心顧問。該中心除了出版《太平洋島國研究》外，還與社科文獻出版社共同發表《太平洋島國發展報告》，編寫新版《列國志》的太平洋島國部分。經過十年耕耘與發展，該中心已發展成為我國研究太平洋島國的重要機構。今年 4 月，「中國 - 太平洋島國應對氣候變化合作中心」落戶山東聊城，該中心參與承擔日常工作。

　　中國與太平洋島國同處亞太地區，國之交在於民相親，國家關係發展的力量源泉，來自於人民的交往和友誼。筆者相信，從民間的不同層面開展並加強與島國在各方面的務實合作，深化民心相通，鞏固傳統友誼，必定有助於構建更加緊密的中國 - 太平洋島國命運共同體。

（原載《紫荊》雜誌 2022 年 9 月號）

第五章

國際會議發言選

和平共處是維護世界和平的唯一有效途徑

—— 在聯合國「和平使者」組織協商會議上的發言

1990 年 9 月 17 日　　紐約

主席先生：

作為聯合國授予的「和平使者」組織的代表，我們應邀前來參加國際和平日活動，與許多朋友見面，感到非常高興。我會曾是 1986 年中國紀念國際和平年活動的發起單位。我清楚地記得，本次協商會議的主要召集人，聯合國和平研究處處長路德維格女士當時曾作為國際和平年的副執行秘書訪問過中國，我們有過愉快的合作。作為國際和平年的後續活動，和平研究處在過去幾年裏組織召開了幾次「和平使者」會議，雖然有的會議我們未能參加，但是，我會作為以發展中國人民與世界各國人民友誼、維護世界和平為宗旨的中國全國性民間團體，對聯合國有關機構旨在維護世界和平與安全的一切努力，都是深為讚賞並給予真誠支持的。

　　主席先生，1986年國際和平年後的幾年來，國際形勢發生
了戰後最深刻的變化。世界經濟發展的不平衡和新技術革命的
興起，使世界主要國家之間的力量對比發生了變化，多極化的趨
勢日益明顯。在這期間，美蘇逐漸緩和彼此間的關係，開始達成
一些裁減軍備的協議，美蘇和東西方軍事對抗趨於緩和。但是，
超級大國對抗的緩和並不意味着世界的和平與安寧。霸權主義、
強權政治、干涉別國內政的現象還經常發生。在海灣，伊拉克入
侵科威特，造成了嚴重的局勢。大國的軍事捲入加劇了海灣的危
機，成為世界關注的焦點。這場危機是美蘇關係緩和後全球格局
失去平衡的表現。這種動盪不安的局勢，不能不引起人們的嚴重
關切。與此同時，南北經濟差距繼續擴大，造成了富國愈富、窮
國愈窮的不合理狀況。這對於世界的和平與穩定是非常不利的。

　　上述情況表明，儘管和平事業取得一些進展，但實現聯合國
的宗旨——維護世界和平與安全的任務仍然十分艱巨地擺在人
們面前。我們認為，從總體上說，國際和平年的三個主要議題，
即和平與裁軍、和平與發展、為和平生活作準備，仍然是今天爭
取世界和平所必須涉及的重要議題。

　　就裁軍問題而言，雖然超級大國間的軍事緩和與裁軍進程取
得一些進展，但是軍備競賽並未完全停止，而是更加側重於品質
方面的競賽，並正在向外層空間領域發展，我們還沒有理由對裁
軍的進程過於樂觀。擁有世界上最大的核與常規武庫的美蘇兩國
對停止軍備競賽和裁軍負有特殊的責任，它們不但應當削減武器
的數量，而且必須停止武器質量的競賽。另一方面，國家不論大

小、強弱，在安全問題上應享有平等的權利，都有權參加討論和
解決安全與裁軍問題。雙邊的裁軍努力值得歡迎，但不能代替全
球性的多邊裁軍努力，它們應當相輔相成，互相促進。美蘇之間
的裁軍協定不應損害第三國的利益。只有這樣的裁軍，才有利於
減少戰爭危險，促進世界和平。

　　就發展問題而言，幾年來，發展中國家的經濟狀況總的說來
更加惡化。雖然包括中國在內的亞太地區經濟增長速度引人注
目，經濟實力逐步上升，但是另一方面，大多數第三世界國家的
經濟沒有得到應有的發展。不合理的國際經濟秩序，巨額的外
債，人口增長的失控以及一些國家經濟發展戰略的失誤，使得
南北差距繼續擴大。據聯合國經社理事會 1989 年 7 月的一份報
告，目前富國的經濟收入比不發達國家高出 50 倍，而 1980 年為
40 倍。這種兩極分化的現象是引起世界經濟和社會動盪的一個
重要因素，不容忽視。

　　多少年來，人們為尋求通往和平的道路作過無數次的探討。
儘管由於經濟、科技和資訊的迅猛發展使世界大大「縮小」，國
與國之間的利害更加相互關聯，但是國家的主權和利益，民族的
感情和意志，卻比以往任何時候都更加突出、更加敏感，而人們
的政治信念、價值觀念、文化背景、宗教信仰、生活方式等更是
千差萬別。在這種情況下，實現和維護和平的有效途經是甚麼？
中國自身的經歷和戰後國際關係的歷史告訴我們，唯一有效的途
徑是要堅持把和平共處作為處理國與國之間關係的基本準則。聯
合國為今年的國際和平日指定了一個很有意義的主題：「一個世

界，多種文化」，對此我們十分讚賞。我們認為，提出這一主題的目的是要人們承認並尊重在這個世界上存在着多種文化，承認並尊重由於不同文化背景而產生的不同國情，學會在同一個世界裏和平相處。

和平共處是國家之間在不改變和不觸及各國社會制度和利益的前提下，以和平方式解決爭端和處理相互關係的準則，它不要求任何國家放棄自己的政治信念和價值觀念，相反，它承認並尊重現存的各種差異以至分歧。承認並尊重各國人民對政治、經濟制度和社會生活方式的選擇，在此基礎上實現共存、共處，爭取共同繁榮。

我們認為，在沒有外來壓力的情況下尊重並保證各國人民選擇社會模式和發展道路的權利，這在當前的國際生活中是尤為重要的。各國的發展道路只能由各國人民根據本國的實際情況，以本國的方式，通過實踐的檢驗去選擇。那種不顧別國的國情和利益，企圖將自己的價值觀念和社會模式強加於人的做法必須徹底摒棄。中國人民經過長期的奮鬥和摸索，選擇了走社會主義的道路。事實證明社會主義制度在我們這個佔世界五分之一人口的國度裏是行之有效的，它促進了生產力的發展和社會的穩定，改善了 11 億人民的生活，具有中國的特色，符合中國的國情。中國將繼續執行改革開放政策，學習和借鑒一切外國的先進管理經驗和優秀文化遺產，不斷進行社會主義的自我完善。中國不會將自己的社會發展模式強加於別的國家，自然也不會允許別國將其社會發展模式強加給中國。

　　主席先生，我們高興地看到，幾年來聯合國在國際事務中的作用進一步有所加強。去年，納米比亞人民從南非殖民統治下獲得獨立，在獨立的進程中聯合國發揮了積極的作用。最近，安理會五個常任理事國就柬埔寨問題進行磋商並達成一致意見，必將有利於長達十二年的柬埔寨問題獲得公正、合理的政治解決。在當前風雲變幻的國際形勢下，聯合國維護世界和平與安全的責任更加重大。聯合國安理會就海灣局勢通過的一系列決議，表明了它反對伊拉克入侵和吞併科威特的原則立場。然而，大國在海灣的軍事捲入使問題更加複雜和激化，我們希望充分利用聯合國的機制，發揮其調停斡旋作用，以便和平解決伊科爭端。

　　中國人民曾經蒙受百年列強侵略、蹂躪之苦，深知和平生活來之不易。目前，我國人民正在從事的社會主義現代化建設更加需要一個長期和平穩定的國際環境。作為一個具有三十六年歷史的中國全國性人民團體，中國人民對外友好協會將一如既往，為促進同世界各國人民的友誼和相互了解，維護世界和平作出自己的貢獻。根據會議日程，本次會議還將探討紀念聯合國成立五十週年的初步活動計劃，我們對一切有利於世界各國人民和平相處，有利於維護和平事業的倡議和計劃將繼續表示支持。

　　謝謝各位。

PEACEFUL CO-EXISTANCE —— THE ONLY ALTERNATIVE TO MAINTAIN WORLD PEACE

—— SPEECH AT THE CONSULTATIVE MEETING OF THE U.N. "PEACE MESSENGER" ORGANIZATIONS

——By Li Hexie, Council Member of CPAFFC
September 17, 1990 New York

Mr. Chairman,

As a representative from the U.N. conferred "Peace Messenger" organization, it is my great pleasure to be invited to the activities of the International Day of Peace and meet with so many fellow participants. The Chinese People's Association for Friendship with Foreign Countries (CPAFFC) was the main sponsor of the Chinese program for the IYP in 1986. I recalled that Ms. Robin Ludwig, Chief of the U.N. Peace Study Unit (PSU) and main organizer of this meeting, visited China then as Deputy Executive Secretary of the IYP, and we'd a very pleasant co-ordination. In last few years the PSU called several Peace Messenger meetings as follow-ups of the IYP. Though unable to attend all of them, as a national NGO in China taking as its objective enhancement of friendship between the Chinese people and people of the world and maintaining world peace, the CPAFFC deeply appreciates and sincerely supports all efforts made by the United Nations agencies for maintenance of world peace and security.

Mr. Chairman,

Since the 1986 International Year of Peace, global situation has undergone profound changes since World War II. The uneven development of world economy and the rise of new technology revolution brought about a change in correlation of forces among the major powers. The multi-polar trend is increasingly evident. During this period, the United States and the Soviet Union have gradually eased their relations and reached some agreements on disarmament. U.S.- Soviet and East-West military confrontations tend to relax. However, the relaxation of the confrontation between the superpowers does not signify peace and tranquility in the world. Acts of hegemonism, power politics and interference in the internal affairs of other countries remain frequent. In the Gulf area, the Iraqi invasion of Kuwait has resulted in a grave situation. Big power military involvement has aggravated the crisis and become focus of world attention. It is a manifestation of the imbalance in the global pattern of interstate relations following the relaxation of relations between the United States and the Soviet Union. The turbulent situation can not but cause grave public concern. Meanwhile, the economic gap between the North and the South continues to widen. The irrational state of the rich growing richer and the poor getting poorer is detrimental to peace and stability of the world.

The above-mentioned facts have shown that despite some progress in the cause of peace, realization of the United Nations objectives, i.e., to maintain international peace and security, remains an arduous task before us. And the three major themes of the IYP, namely, peace and disarmament, peace and development and preparation for life in peace remain to be the vital issues of world peace.

With regard to disarmament, though some progress made in disarmament and the relaxation of military confrontation between the two superpowers, the arms race has not halted, but extended to the outer space with emphasis further shifted to qualitative competition. We have no reason to be too optimistic about the process of disarmament. The United States and the Soviet Union, which possess the largest nuclear as well as conventional arsenals in the world, assume special obligations in disarmament and stopping the arms race. They should not only reduce the quantity but should also stop the qualitative competition of their arms. Besides, all states, big or small, strong or weak, should enjoy equal rights on the issue of security and be entitled to take part in the discussion and settlement of issues concerning security and disarmament. Bilateral efforts for disarmament are to be welcome, but must not substitute the global multi-lateral efforts. They should supplement and promote each other. Disarmament agreements between the U.S. and the U.S.S.R. should not harm the interests of a third country. Only in this way will disarmament be conducive to reducing the danger of war and promoting world peace.

With regard to the issue of development, the economic situation of the developing countries as a whole has further deteriorated in the past few years. On the one hand, economic growth in the Asia-Pacific area including China has been remarkable, with its economic strength increasing steadily. On the other hand, however, most of the third world countries have not duly achieved

their growth. The North- South gap has continually widened due to the irratio-
nal international economic order, huge volume of foreign debt, uncontrolled
population growth and errors in some countries' development strategy. Ac-
cording to a report of the U.N. Economic and Social Council in July, 1989,
the revenue of the rich states in that year was some 50 times higher than that
of the undeveloped countries, instead of some 40 times in 1980. Such polar-
ization constitutes a major factor in the world economic and social upheaval
and hence should not be overlooked.

For many years, people have made numerous explorations in seeking
ways leading to peace. Though the world today is made much smaller with the
rapid development of economy, science and technology and communication,
and the interests of one state are to a greater extent linked with those of others,
yet state sovereignty and interests as well as national sentiments and will have
become more prominent and sensitive than ever before. And there exist great
differences in people's political conviction, concept of values, cultural back-
ground, religious belief and way of life. In these circumstances, what is the ef-
fective way to attain and maintain peace? Both the history of post-war interna-
tional relations and China's own experience have shown that the only effective
way is to persist in taking the principle of peaceful co-existence as the basic
norm governing relations among states. We appreciate the meaningful theme
designated by the United Nations for this year's International Day of Peace:
"Many Cultures, One World." We believe that the aim is to call on people to
recognize and respect the existence of many cultures in this world and also the
different national conditions arising from different cultural background, and
learn to live peacefully together in the same world.

Peaceful co-existence is the norm for handling relations between states
and resolving disputes by peaceful means on the premise of not changing or
encroaching on the social system and the interests of various countries. It re-
quires no country to abandon its political belief or values. On the contrary, rec-
ognizes and respects the existing differences and even divergences as well as
the right of the people of all countries to choose their political and economic
systems and their way of social life, and on this basis to live and work together
for common prosperity.

We hold that it is particularly important in current world to respect and
ensure the right of the people of all countries to choose, without outside pres-
sure, their own social model and road of development. Which road to take
in each country can only be chosen by its people according to their national
actualities, in their own way and after tests by practice. Any attempt to impose
one's own values and social model on others in disregard of their own condi-
tions and interests must be totally abandoned. The Chinese people have cho-

sen the socialist road after long years of struggle and exploration. Facts have shown that the socialist system works well in China, a country with one-fifth of the world population. It has promoted the growth of economy and social stability, and improved the livelihood of its 1.1 billion people. It bears Chinese characteristics and conforms to its national conditions. China will continue to implement the policy of reform and opening to the outside world, learn from countries with advanced management expertise and fine cultural heritage, and carry on its socialist self-improvement. China will not impose its model of social development on other states, and naturally will not allow others to impose their model on China.

Mr Chairman,

We are gratified to see that the role played by the United Nations in international affairs has been strengthened over the past few years. Last year, the people of Namibia won independence from the colonial rule of South Africa, in which the United Nations played a positive role. Recently, the five permanent members of the Security Council held consultations and reached consensus on the Cambodian issue. It will surely contribute to a just and reasonable political settlement of the 12 years old Cambodian issue. In the current changeable international situation, the United Nation's responsibility of maintaining international peace and security becomes ever greater. The resolutions adopted by the Security Council on the Gulf situation demonstrate its principled position of opposing Iraq's invasion and annexation of Kuwait. As the big power military involvement in the Gulf area has made the issue more complicated and intensified, it is our hope that the United Nations will take full advantage of its mechanism and bring into play its good offices for a peaceful settlement of the Iraq-Kuwait dispute.

The Chinese people, who have suffered for over a hundred years from the aggression and oppression under the heel of foreign powers, deeply treasure life in peace. Engaged at present in socialist modernization, the Chinese people need all the more a long stable and peaceful international environment. As a 36 years old nationwide non-governmental organization, the CPAFFC will, as always, make its contributions to the enhancement of friendship and mutual understanding between the Chinese and other peoples of the world and to the safeguarding of world peace. According to the agenda, a preliminary program for commemorating the fiftieth anniversary of the United Nations will be discussed at the meeting. We will give continued support to any proposal or program that contributed to the peaceful co-existence of all the peoples of the world and conducive to the maintenance of international peace.

Thank you.

對和平與生活質量問題的思考
—— 在聯合國「和平使者」組織會議上的 發言

1991 年 6 月　蘇聯 索契

主席先生：

　　去年 9 月在紐約召開的和平使者協商會議上，蘇聯和平基金會提出了今年 6 月在這裏舉行和平使者會議的建議，在聯合國和平研究處和蘇聯朋友們的努力下，會議終於順利召開，對此我們感到很高興。我謹代表中國人民對外友好協會向邀請我們出席會議的聯合國秘書處、蘇聯和平基金會和友好的蘇聯人民表示感謝。

　　我們這一組要討論的主題是「和平與生活品質」，包括和平與發展、環境、人權等的關係，這是一個很重要的主題。和平是人類改善生活品質的基本保證，生活品質的改善也必然會促進世界的和平與穩定。應當説，這是一種相互依存的關係。這次會議使我聯想起 1985 年 5 月聯合國為準備紀念國際和平年而在曼谷召開的一次內容相似的會議。當時，包括中國著名社會學家費孝

通教授在內的幾位聯合國特邀專家曾作了令人印象深刻的主題發言。時隔六年後，我們看到了世界格局發生了深刻的變化，但是世界並沒有變得更加安寧。

在制約實現和平的諸因素中，世界經濟發展的不平衡依然是其中的重要因素。由於不合理的國際經濟秩序沒有得到根本改變，南北的發展差距仍在繼續擴大，窮國的人口佔世界的 4/5，其中最不發達的國家已由十年前的 31 個增加到 41 個，人口達 4.2 億。這些國家的人均生產總值呈下降趨勢，外貿總額僅佔世界的 1%。形成這種局面除了有一定的內部因素外，債務負擔繁重、外國投資減少、原料價格下跌等是重要原因，而海灣戰爭又使許多第三世界國家的經濟受到嚴重打擊。鑒於世界經濟正朝着國際化方向發展，如果窮國的經濟得不到發展，南北關係得不到改善，對發達國家並不有利，世界的和平與穩定也難以保證。因此，如何在九十年代縮小發展差距，改變不發達國家的貧困落後狀況，已經成為國際社會的當務之急。

我們認為，除了依靠自身的努力，如制定適合國情的經濟發展戰略、控制人口增長外，當前在很大程度上還取決於外部環境和國際社會的充分支持，例如，減輕債務負擔，增加外部投資和資金輸入，改善出口機會與條件等。為此，應當考慮建立一種新型、公正的國際經濟體系，以便從根本上改變不發達國家經濟的脆弱和被動地位，使這些國家儘快恢復增長和發展，以利於促進世界和平與穩定。

環境與發展密切相關。應當看到，發達國家在過去一、兩個

世紀中追求工業化，成為並仍然是世界資源的主要消耗者和污染
物的主要排放者，這些國家對全球變暖、臭氧層破壞等全球環境
問題負有歷史和現實的責任，應當為治理環境問題承擔更多的義
務，包括提供技術和經濟發展援助，幫助發展中國家提高經濟實
力和環境保護能力。同時，還應該正確處理環境保護與經濟發展
的關係，並考慮到發展中國家的特殊情況和需要。許多發展中國
家環境退化，其重要原因是貧困和不發達，只有保持適當的經濟
增長，才能增強環境保護的能力。聯合國將於 1992 年召開環境
與發展大會，希望這次大會能進一步引起國際社會對環境與經濟
協調發展的深刻認識和高度重視。

　　人權問題與發展同樣密切相關。正如一個國家需要根據本國
國情選擇經濟發展戰略一樣，每個國家應該也必然會根據自己的
國情來考慮在人權領域裏的主要目標。國際人權宣言中有一款這
麼寫着：每個人都有權獲得足以維持個人和家庭健康和福利的生
活水準，包括食品、衣物、住房、醫療和必要的社會服務，有權
在出現失業、疾病、殘廢、喪偶、年老或因個人不可控制原因而
失去生活來源時獲得生活保障。應該說這是人權的最基本的內
容之一，但是，即使在某些發達國家，也不能説人人都已經獲得
這一基本權利，而在擁有世界絕大多數人口的發展中國家裏，實
現這一基本人權要求的任務就更加困難和艱巨，為此就應將它放
在優先考慮的地位。中國的人口達 11 億，佔世界人口的 1/5，多
年來一直在為實現這一最重要的人權而奮鬥。時至今日，儘管按
人均收入中國還是很低的，但是由於分配相對比較合理，在滿足

人民基本生活需求方面成效顯著，不僅解決了溫飽問題，而且正向達到小康社會的水平過渡，中國人的平均壽命已接近發達國家水準，達到近七十歲。可以說，這是中國在人權領域裏的重要貢獻，也是對世界和平與穩定的貢獻。

　　目前，國際形勢已發生了重大變化。在新的形勢下，我們認為應該着手糾正由於對抗和「冷戰」在人權領域裏造成的一些不正常現象，特別是要避免那些利用人權兜售意識形態和自己的價值觀，或者以人權為藉口干涉別國內政的做法。由於各國的政治、經濟、社會制度和歷史、文化背景各不相同，對人權的觀點難免會有不同。如果大家都本着求同存異、互相尊重、增進了

1991 年 6 月，莫斯科克里姆林宮屋頂飄着蘇聯國旗，半年後蘇聯解體

解、互不干涉內政的精神處理相互間的關係，必將有助於保護人權目標的實現和世界和平事業。

中國人民對外友好協會是一個具有近四十年歷史的中國主要的非政府組織（NGO），其宗旨是促進與世界各國人民的相互了解和友誼，維護世界和平。我們認為，和平使者組織就共同關心的有關世界和平的各種問題進行討論是有意義的。它有助於喚起人們對和平的關注和對和平事業的參與。這次會議還將討論和平使者組織紀念聯合國成立五十週年的初步計劃。我們贊成這樣的提議，即紀念活動可以在聯合國和各和平使者國家這樣兩個層次裏進行。我會對屆時在中國舉辦一些有關的紀念活動持積極態度，我們正在考慮與中國有關部門和組織進行協調，提出一些具體設想，待設想具體化後，將會及時通知聯合國和平研究處。謝謝！

SOME THOUGHTS ON PEACE AND QUALITY OF LIFE

—— SPEECH AT THE CONFERENCE OF UN PEACE MESSENGER ORGANIZATIONS

—By Li Hexie, Council Member of CPAFFC

June 1991, Sochi USSR

Mr. Chairman,

At the consultative meeting of Peace Messenger Organizations (PMO) held in New York last September, the soviet Peace Fund offered to co- sponsor a PMO conference at Sochi this June. It is gratifying to see that the joint efforts of the UN Peace Study Unit and the Soviet Peace Fund have led to the convening of this meeting. I would like to express, in name of the Chinese People's Association for Friendship with Foreign Countries (CPAFFC), our appreciation to the UN Secretariat, the Soviet Peace Fund and the friendly Soviet people for their invitation to attend the conference.

Our theme of discussion at this workshop is Peace and Quality of Life, a very important subject involving the relations between peace and development, environment and human rights etc. Peace is the guarantee for improving quality of people's livelihood, which in turn promotes peace and stability of the world. It is a relationship of interdependence.

The meeting reminds me of an UN sponsored seminar held in Bangkok in 1985 as part of the preparations for the International Year of Peace. Impressive presentations were given at the seminar by several specialists including Professor Fei Xiaotong, a noted Chinese sociologist. Six years have elapsed since then, and we see that the world has not become more peaceful, though its structure did undergo profound changes. The uneven development of world economy constitutes a major factor hindering the achievement of peace.

As the irrational international economic order remains basically unchanged, the gap between the North and the South in economic growth continues widening. The population of poor countries accounts for 4/5 of the world's total. The number of most underdeveloped countries increased in 10 years from 31 to 41 with a population reaching 420 million. Per capita GDP in these countries tends to drop, and volume of their foreign trade accounts for only 1% of the world's total. Apart from certain internal reasons, the burden of foreign debts, and decreased investment from abroad and low price of raw materials are major factors leading to the situation. And the Gulf war has further worsened the economy of many third world countries. As the world economy is getting more internationalized, it will neither benefit the developed countries nor ensure world peace and stability, if the economy of poor countries stagnates and North-South relations fail to improve. Therefore, an urgent task facing the world community in the 1990s is to narrow the gap in development and change the state of poverty and backwardness in the underdeveloped countries.

We hold that besides relying on a nation's own efforts, such as population control and formulating an economic growth strategy compatible with national conditions, it is also relevant to external environment and support of the international community, e.g., reduction of debt, increase of foreign investment and capital inflow, and offer favorable foreign trade terms and opportunities. Therefore, it is time to consider setting up a new and fair international economic framework, which may bring about an initial change to the economy of underdeveloped countries, now in a fragile and difficult situation, so that they may regain strength of growth as soon as possible, and contribute to the peace and stability of the world.

Environment is an issue closely related to development. One fact merits attention is that the developed countries going in for industrialization over last one or two centuries have been the major consumers of the world's resources as well as the main source of pollution. They are responsible, both in history and at present, for global environmental problems such as temperature increase and damage to the ozone layer, and should be more practically committed to the control of environment, providing technical and economic assistance to the developing countries, so as to enhance their economic strength and capabilities to protect environment. Meanwhile, the relationship between environmental protection and economic growth must be handled correctly, in a way that taken into account the priorities of the developing countries. Environmental deterioration in many developing countries is caused largely by poverty and underdevelopment. Their capability to protect environment can be increased only by maintaining a certain rate of economic growth. We hope that the UN-sponsored conference of environment and development scheduled for 1992 could deepen the awareness and attention of the international community to a coordinated economic growth and environmental protection.

The issue of human rights is closely related to that of development as well. Just as each country ought to work out its economic growth strategies in light of national conditions, it will study its main objectives in sphere of human rights accordingly. It was stated in The Universal Declaration of Human Rights that everyone has the right to acquire a living standard adequate for the health and well-being of himself and his family, including food, clothing, housing and medical care and minimum social services, and the right to basic protection in case of unemployment, sickness, disability, widowhood, old age or lose means of livelihood beyond his control. This should be taken as most essential aspect of human rights. However, even in developed countries no one can assure that everyone could have these fundamental rights. It will be much more difficult and arduous to realize the fundamental human rights in developing countries, where overwhelming majority of world population located. Therefore, this article of human rights must be placed as top priority. China has a population of 1.1 billion which accounts for 1/5 of the world's total. For many years it has been striving for the attainment of these basic rights. Today China's per capita income is still low, yet thanks to the relatively rational distribution of resources, China has made remarkable progress in meeting the basic needs of its people. The average life span in China almost reaches 70, which is very close to that in developed countries. It is China's significant contribution to the cause of human rights, as well as to world peace and stability.

As the international situation has undertaken a great change, we hold that abnormal phenomenon in sphere of human rights resulting from confrontation and "cold war" should be rectified. In particular, those imposing on others its own ideologies and values or interfering in the internal affairs of other countries by excuse of "human rights" should be avoided. As differences inevitably exist among countries in their political, economic and social system as well as in their history and cultural background, it is understandable that they have different focus on the issue of human rights. We will surely contribute to the objectives of human rights protection and world peace should we all adhere to the principle of respecting each other, promoting mutual understanding and non-interference, and seeking common ground while reserving differences.

Taken as its goal the promotion of friendship and mutual understanding between people of various countries and safeguard world peace, the CPAFFC is a major NGO in China with nearly 40 years of history. We held that it's a meaningful action for PMO to discuss issues of common concern regarding world peace, as it helps arouse people's attention to peace and participate in its action. Agenda at this conference also include discussion of a preliminary program for PMO to commemorate the 50th anniversary of the United Nations. The proposal that such celebrations could be held at both the UN and PMO levels is advisable. The CPAFFC will, in coordination with other NGOs and entities in China, discuss and propose a Chinese action program and submit it to the UN Peace Study Unit when it is formulated.

Thank you.

在世界宋慶齡基金會
主席研討會上的發言

2010 年 7 月 21 日　北京

尊敬的胡啟立主席，

各位宋慶齡基金會主席，

各位嘉賓朋友：

　　今天，我代表孫中山文教福利基金會，應邀參加世界宋慶齡基金會主席研討會，感到十分榮幸。孫中山文教福利基金會自成立以來，在紀念孫中山先生等活動中，與宋慶齡基金會有過不少合作交流。我想藉此機會向各位領導和朋友們簡要彙報一下孫中山文教福利基金會成立十二年來的基本情況。

　　孫中山文教福利基金會是由閩籍僑領陳守仁博士於 1998 年 3 月發起並捐出 1,000 萬元作為基本金、於同年 8 月在香港註冊成立的非牟利機構。由陳守仁博士任主席，時任全國政協委員陳金烈先生和陳博士長子、原香港保良局主席陳亨利先生任副主席，孫穗芳女士任名譽主席。

　　作為香港唯一以孫中山先生名字命名的基金會，本會成立宗旨是：紀念孫中山先生，宣揚其歷史功績，弘揚其民族精神及民

主愛國思想，推動文教福利事業及兩岸三地的交流合作。根據上述宗旨，基金會成立以來的活動主要分為三個方面：一是推動開展對中山先生思想的研究，宣揚孫中山先生的偉大精神；二是推動發展文化教育；三是促進兩岸三地交流及兩岸關係和平發展。

在推動開展對中山先生思想的研究及宣傳方面，基金會在剛成立的 1998 年，就在北京大學捐助成立「孫中山思想國際研究中心」，後來又資助南京大學、杭州大學設立相應的孫中山研究機構，並於去年向香港浸會大學捐助港幣 100 萬元，作為其近代史研究所的「孫中山研究基金」[1]。十幾年來，本會多次參與主辦或資助一系列有關紀念中山先生的學術研討活動，例如，2001 年與北京大學聯合舉辦紀念辛亥革命九十週年學術研討會暨徵文比賽；之後又與香港浸會大學聯合舉辦「辛亥革命、孫中山與 21 世紀中國學術研討會」，並在香港首次舉辦以孫中山為主題的徵文比賽。今年五月，本會參與協辦在浸會大學舉辦的、有兩岸三地學者參與的「中山思想現代化對當前兩岸三地政經關係的影響」學術研討會。本會還與香港歷史博物館、翠亨村孫中山紀念館等單位合作，多次舉辦圖片展覽。例如，在本會成立五週年時，於 2003 年與香港歷史博物館聯合舉辦「孫中山與親屬——從翠亨到香港」大型展覽。本會陳守仁主席積極支持特區政府在香港建立孫中山紀念館，應邀出任博物館顧問，參與有關籌備事項。陳博士還多次支持並出席紀念孫中山的大型活動，2006 年

1　該研究基金後來已增加到 500 萬元。

11 月來京出席中央舉辦的孫中山先生誕辰一百四十週年紀念大會，並於同年 12 月，贊助在香港舉辦的「第十八屆孫中山、宋慶齡紀念地聯席會議」。在 2008 年本基金會成立十週年時，陳博士率領有多位港區全國政協委員參加的訪京團，在香港中聯辦安排陪同下，拜訪了中央統戰部、國務院僑辦、中國和統會、中國僑聯等部門。

　　孫中山文教福利基金會的另一項主要活動是推動文化與教育。基金會 1998 年剛成立時，就在中國僑聯所屬華僑經濟文化基金會下成立「孫中山文教福利專項基金」。幾年來，基金會在新疆、內蒙、河南、福建等地捐資助學，建立多間「孫中山愛心小學」。近一兩年，基金會還通過外交部扶貧辦，資助雲南貧困縣的小學興建教學樓。基金會與陳守仁家族福利基金會一起，向北京大學捐資人民幣 650 萬元，用以修繕原生物系樓羣，並命名為「陳守仁國際研究中心」。基金會還向北大、清華等大學貧困學生發放獎、助學金。基金會通過捐建孫中山紀念樓、紀念堂的方式，對集美大學、泉州師範學院、泉州第一醫院等教育、醫療單位予以資助。值得一提的是，基金會近年來尤其重視對於貧困中學生的資助，陳主席受到台灣知名人士王建煊先生「浙江新華愛心基金會」在國內多個省市設「珍珠班」項目的啟發，在其母校泉州一中設立「中山珍珠班」，以保證優秀的學生不會因家庭貧困而失學，保護「珍珠」不會遭到埋沒，這一計劃取得良好效果。本會最近已經決定再撥款人民幣 200 萬元，長期支持「中山珍珠班」培養優秀中學生。

　　孫中山是中華民族的一面光輝旗幟。加強兩岸三地交流，為國家統一做貢獻，也是基金會義不容辭的責任。值得一提的是，本會於 2001 年榮邀孫中山先生嫡長孫孫治平先生出任本會榮譽會長，在擔任榮譽會長的五年裏，孫治平老先生為加強兩岸三地的交流及本會的發展做出了寶貴的貢獻。2002 年，由他擔任名譽團長、陳主席擔任團長的基金會代表團赴台參加「國父紀念館三十週年館慶暨第五屆孫中山與現代中國學術討論會」，與來自兩岸的學者進行深入交流，還參訪了國民黨中央黨部，拜訪了連戰主席。同年 11 月，基金會參與在中山市舉辦的孫治平先生九十華誕慶典及紀念孫中山先生誕辰一百三十六週年活動。2003 年，孫治平先生回香港參加本會組織的瞻仰孫中山故居、參觀第一次國共合作歷史遺跡的活動，並由他主禮了在香港歷史博物館舉行的「孫中山與親屬——從翠亨到香港」大型展覽。2004 年，孫治平先生參加了本會以「孫中山與福建」為主題的福建訪問團，受到省市領導熱烈歡迎。2005 年 3 月初，孫治平先生在香港主禮了「孫中山與南洋」圖片展覽，並於 3 月 24 日參加了籌建香港孫中山紀念館的顧問會議，但是，誰也沒有料到，這竟是他最後一次參加本會的活動。2005 年 4 月 6 日，孫治平榮譽會長因病在香港溘然逝世，享年 93 歲。孫老先生不顧年高，為祖國的和平統一事業奔走效力的精神，值得我們永遠懷念和學習。本會配合孫治平先生的親屬，在香港為治平先生舉行了隆重公祭。

　　隨着近年來兩岸關係的顯著改善，本會進一步加強了促進兩岸關係和平發展的工作。陳守仁博士曾就任過香港「和統會」董

事局主席，並於兩年前在本會下面成立「兩岸和平發展促進委員會」，之後將其註冊成立為「兩岸和平發展聯合總會」，成為致力於兩岸交流的香港社團，並自任創會會長。2008 年 7 月，本會協辦並贊助由亞太台商聯合會在香港舉辦的「第三屆兩岸論壇」。2009 年 4 月，由本會贊助，與台灣駐港「光華新聞文化中心」在香港合辦「茶與樂的對話」，由台灣的表演團對茶文化做了精湛演繹。本會與兩岸和平發展聯合總會還多次組織工商團到兩岸訪問交流，2008 年底，由陳守仁博士率香港各界人士訪台，與台灣方面連戰、江丙坤、吳敦義、王建煊等政要及各界交流座談，各位對孫中山文教福利基金會和兩岸和平發展聯合總會的理念均

筆者在研討會會場與宋慶齡基金會主席胡啟立（中）合影

十分讚賞與支持。

　　明年是辛亥革命一百週年，本會和兩岸和平發展聯合總會正在研究籌備有關紀念活動。中國宋慶齡基金會是國家級的基金會，有重要的國際影響，本會樂意在今後進一步加強與貴會的聯繫與配合，同時也希望得到貴會的支持與指導，共同將孫中山、宋慶齡畢生奮鬥的革命事業不斷向前推進。

　　最後，祝本次研討會取得圓滿成功！謝謝各位！

（筆者時任孫中山文教福利基金會
副理事長兼秘書長）

在全球華僑華人中國
和平統一促進大會上的發言

2018 年 6 月 2 日　巴拿馬城

尊敬的萬鋼副主席，

尊敬的魏強大使，

尊敬的麥杞佳會長，

來自各國的統促會領導和嘉賓：

今天，我代表香港「兩岸和平發展聯合總會」等香港統促組織出席這次大會，感到很榮幸。首先簡單介紹一下本會情況，本會創會會長、著名愛國僑領、慈善家陳守仁先生長期關注中國和平統一事業，幾十年來身體力行，做了大量工作。陳先生曾擔任北京「中國和平統一促進會」常務理事和香港地區「中國和平統一促進會」董事局主席。他認為，孫中山先生是偉大的愛國者，也是兩岸共同的旗幟，宣揚孫中山思想與精神，有利於促進國家的和平統一。為此，陳先生聯合志同道合的朋友，於 1998 年在香港成立了孫中山文教福利基金會（今年是基金會成立二十週年），孫中山長孫孫治平先生曾經是基金會的榮譽會長。多年來，基金會參與組織及資助了許多有關孫中山的紀念活動及學術研究

活動，例如紀念辛亥革命九十週年、一百週年，以及兩年前在香港參與主辦紀念孫中山誕辰一百五十週年系列活動。基金會的一項重要工作，是在實現國家統一之前促進海峽兩岸關係的和平發展。為了將此項工作做得更好，基金會同仁一致認為，有必要單獨成立一個旨在團結海內外愛國人士，促進兩岸關係和平發展，推動海峽經濟文化及人員交流的社團組織。

在上述背景下，兩岸和平發展聯合總會於 2007 年在香港登記成立。「和發會」成立十一年來，會務發展較快，目前有八個團體會員及近千名個人會員。本會多次組團到北京等地參訪，得到中國統促會、統戰部、國台辦、全國台聯等部門及香港中聯辦的支持與指導。本會多次組團赴台灣各市縣交流，與堅持「九二共識」的政黨及社團建立長期聯繫和友好交往，充分發揮了溝通與橋樑作用，獲得島內各階層人士的認同和歡迎。本會去年舉行成立十週年及新一屆領導機構成立慶典，年近九十高齡的陳守仁老先生改任創會會長，香港社團領袖、銀行家林廣兆先生出任會長，得到社會各界的認同、支持與贊助，組織架構進一步擴大，並購置了新會所。本會還邀請了香港傑出社會人士、社團及企業領袖，例如董建華、梁愛詩、楊孫西、黃志祥、盧文端、余國春，以及在港台灣知名人士出任榮譽職務。為了加強對台灣島內情況的了解及促進與島內青年的交流互動，本會分別成立了台灣研究中心和兩岸青年創新交流中心。本會對於促進兩岸的文化藝術交流也很重視，再過幾天，本會將在香港主辦「紀念孫中山先生誕辰一百五十一週年、改革開放四十週年——第三屆港滬台書畫

聯展」。各位屆時若有到香港，歡迎前來參觀指導與交流。

　　本會成立以來，仍繼續與孫中山文教福利基金會相互配合，支持有關單位的孫中山思想研究。陳守仁博士在兩個會裏都是創會會長，陳先生多年前在北京大學、香港浸會大學資助成立孫中山研究中心，並在浸會大學設立永久性孫中山研究資金，使該校每年都能舉辦有關孫中山的學術研究活動。陳先生還資助台灣學者邵宗海教授成立「孫學研究中心」，在台灣招收研究孫中山思想的博士生，旨在使中山先生熱愛中華民族的精神能夠傳承下去。每年的清明節，本會與孫中山基金會均派代表，和香港東華

會議期間筆者與台灣中國統盟主席戚嘉林（右）和台灣勞動黨主席吳榮元（左）合影

三院人員一起，前往九龍飛鵝山百花林，拜謁孫中山母親楊太夫人陵園。該陵園是本會陳會長十幾年前向香港特區政府提議，並在孫中山後裔孫必達等人支持同意下，與東華三院合作，捐資重修的，該項善舉深受香港特區政府及各界的讚許。

捍衛一個中國原則，反對「台獨」分裂行徑，實現中國完全統一，是海內外炎黃子孫的共同心願，讓我們以各種不同方式，為實現這一終極目標而共同努力。各位今後若有經過香港，歡迎前來本會指導與交流，本會當盡地主之誼。本會在香港組織與台灣方面的交流比較方便，也歡迎各國的中國和平統一促進會與我們聯絡合作。

最後，感謝巴拿馬華僑華人中國和平統一促進會精心籌辦這次大會，預祝會議取得圓滿成功！謝謝大家！

（筆者時任兩岸和平發展聯合總會
執行常務副理事長）

第六章

歲月留痕

1979 年，李先念副總理會見美國斯坦福國際研究所代表團[1]（第一排左二為對外友協副會長侯桐，第三排右一為姚進榮，右三為李和協）

1982 年，中共中央總書記胡耀邦在中南海紫光閣會見剛退役不久即來華訪問的美國「核潛艇之父」、海軍上將里科夫（前排右起：對外友協王炳南會長、胡耀邦總書記、里科夫將軍、美駐華大使恆安石。翻譯姚進榮、記錄李和協）

1　這是中美建交後，對外友協最早接待的美國大型訪華團之一。

1985 年，王震副總理會見由校長里亞庫斯率領的美國天普大學[2]代表團，對外友協副會長周而復等參加會見（第一排右起：牛滿江夫人、牛滿江、周而復、校長里亞庫斯、王震、校長夫人、校董事長及夫人。第三排右二為李和協、左二為史約瑟教授）

1986 年，姚依林副總理會見原美國飛虎隊陳納德將軍遺孀陳香梅女士[3]（左起：美國處處長李和協、美使館參贊、對外友協會長章文晉、陳香梅女士、姚依林副總理、陳香梅友人、美大司司長劉華秋、美大部副主任張雪玲、美國處副處長李小林[4]）

2　1979 年初鄧小平副總理訪美期間，經天普大學華人生物學家牛滿江建議，曾接受該校授予的榮譽法學博士學位。

3　2015 年，習近平主席向陳香梅女士頒發抗日戰爭勝利七十週年紀念章。

4　2011 年，李小林出任對外友協會長。

1985 年，全國人大常委會副委員長周谷城會見美國州長（翻譯李和協、記錄韓若萍）

1986 年，姚依林副總理會見美國美亞協會主席（翻譯李和協、記錄李小林）

1974 年，筆者與駐日使館同事張世昌攝於東京[5]

1998 年，筆者與使館老同事張世昌重聚於香港（左起：宋韻芳、
張世昌[6]、李和協、于淑媛[7]）

5　當時筆者配合張世昌做些統戰方面工作，例如曾多次探訪原國民政府高級將
　　領商震、馬晉三等人，鼓勵並安排他們回祖國訪問。

6　張世昌當時任職於中國保利集團。

7　于淑媛時任外交部駐港公署處長，後任駐日使館參贊、駐大阪副總領事等。

1991 年 6 月，在蘇聯索契開會期間，筆者（右四）參與電視訪談節目

1995 年，原駐日使館領事部主任、時任國務院台辦副主任唐樹備來港，幾位在新華社香港分社工作的原使館同事與唐小聚（右起：台務部部長王振宇、保安部副部長楊述多、唐樹備副主任、外事部副部長李和協）

1987 年，在瑞士日內瓦開會期間，對外友協同事前往看望著名美國記者埃德加・斯諾遺孀洛伊斯・斯諾，在斯諾夫人住處前合影（左起：湯銘新、斯諾夫人、劉庚寅副會長、李和協）

1991 年，筆者作為對外友協代表出席日本長崎國際姐妹城交流大會，與日本（中）、美國（右）姐妹城組織代表合影

1999 年，全國對外友協會長陳昊蘇率團訪問歐洲後路經香港，筆者與陳會長在香港會展中心海濱合影

2016 年，筆者在北京看望陳昊蘇老會長，在其父陳毅元帥肖像前合影

1991 年 6 月，筆者在索契開會期間與
蘇聯外交部副部長合影

1993 年，筆者與新華社香港分社閩籍同事王志民[8]（左）、魯建華[9]（右）在新
春酒會上

8　王志民於 2017-2020 年出任香港中聯辦主任。
9　魯建華於 2008 年出任商務部部長助理，2010 年英年早逝。

1993 年，筆者應何鴻章先生邀請出席香港何東中學週年慶典活動
（右起：教育署署長黃星華、何鴻章、李和協、王志民）

2009 年 3 月 30 日，筆者應邀探訪著名慈善家何鴻章先生 [10]，在其
祖父何東爵士及祖母油畫像下合影

10　何鴻章先生在二十世紀八、九十年代經常來北京，為促進中美民間智庫的交
　　往做了許多有益工作，是筆者多年的老朋友。

1995 年，新華通訊社香港分社兵乓球隊與港府入境處兵乓球友誼賽，筆者作為分社領隊與李家強副處長交換隊旗

1996 年，筆者與新華通訊社香港分社副社長張浚生夫婦（左四、左五）及外事部同事在新春酒會上合影

1997 年，筆者在深圳參觀駐港部隊時與司令員劉鎮武少將交談

1997 年 6 月，筆者與新華分社香港回歸「慶典辦」部分同事合影

1995 年，筆者與對應的港府官員副憲制事務司林瑞麟[11]（中）等工作午餐

2016 年，筆者在聚會上偶遇林瑞麟先生

11　特區政府成立後，林瑞麟曾出任多個重要職務，包括新聞統籌專員、政制及
　　內地事務局局長、政務司司長等。

1997 年 9 月，特區入境處處長葉劉淑儀宴請分社外事部同仁，向時任外事部副部長李和協贈送紀念品（前面坐者為時任助理處長黎棟國）

2012 年，筆者代表香港遠洋漁業協會出任香港漁民團體聯會副會長，接受候任行政長官梁振英頒發證書

2017 年 12 月，筆者作為香港漁農界選舉委員，與閩籍社團領袖楊孫西、林廣兆在港區全國人大代表選舉會場

2008 年，在北京大學陳守仁國際研究中心落成晚宴會場（右起：北大教育發展基金會副秘書長耿姝、高超、秘書長鄧婭、陳趙滿菊、陳守仁博士、北大聯泰供應鏈研發中心主任李東教授、李和協、教育發展基金會副秘書長趙文莉）

2009 年，筆者在京看望北大聯泰供應鏈研發中心顧問、著名經濟學家厲以寧教授和夫人何老師

2012 年，陳守仁基金會歡迎北大校長許智宏院士訪港（左起：北大方正董事長張旋龍、校長許智宏、聯泰集團主席陳守仁、集團顧問李和協）

2016 年，筆者接受林毅夫教授贈送新作《新結構經濟學》

2018 年，筆者應邀參加北京大學一百二十週年校慶活動，與老校長許智宏院士合影

2006 年 12 月，筆者在波納貝州中國駐密克羅尼西亞聯邦大使館（左起：聯成漁業董事長周新東、劉菲大使、副董事長兼總經理李和協）

2007 年 10 月，外交學會邀請馬紹爾共和國國會議員訪華，在外交部留影

2014 年 10 月，筆者與陳守仁家人在四川九寨溝（右起：長子陳亨利、陳趙滿菊、導遊、陳林碧琴、陳守仁博士、李和協）

2015 年 12 月，仁善扶貧基金會與外交部扶貧辦考察組在雲南麻栗坡考察中越邊境農貿市場，在中越界碑前合影

2009 年 9 月，公司為筆者（時任聯成漁業副董事長兼總經理）舉辦生日會，右一為董事長周新東

2013 年，笔者與同事在聯成遠洋漁業成立十週年慶典上合影

2013 年 11 月，密克羅尼西亞聯邦總統莫里再次應中國邀請訪華並經港停留，期間筆者前往其下榻的酒店探訪

2013 年 9 月，筆者與老同學、中國太平洋島國事務特使王永秋大使（左）及其接任人李強民大使（右）在京小聚

2015 年 4 月，筆者在北京看望八十八歲高齡的周南老社長

2017 年 9 月，筆者在薩摩亞舉行的太平洋島國論壇期間，與時任中國太平
洋島國事務特使杜起文大使（右），在研討會露天晚宴上合影

2017 年 3 月，密克羅尼西亞聯邦新任總統克里斯琴訪華經停香港（左起：密駐華大使阿皮斯、克里斯琴總統、李和協、同事李玉鳳）

2018 年 6 月，筆者在巴拿馬全球華僑華人中國和平統一促進大會上發言

2017 年，筆者在泉州出席陳守仁工商信息學院[12]（現已更名為陳守仁商學院）辦學工作座談會。（右四至右七：泉師院黨委書記朱世澤、李和協、副校長高雲程、常務副院長許旭紅）

2015 年，筆者代表陳守仁基金會接受香港浸會大學校長陳新滋（左）和董事會主席鄭恩基頒發的獎牌

12　陳守仁工商信息學院成立於 2003 年，採取公辦民助合作辦學模式，是泉州師範學院的二級學院。過去二十年間，筆者作為基金會代表，協調與辦學有關事務。該學院於 2017 年更名為陳守仁商學院。

筆者與接受陳守仁基金會贊助的香港浸會大學學生合影

2018 年，孫中山文教福利基金會與香港浸會大學聯合舉辦孫中山國際論壇，圖為錢大康校長、陳守仁主席等主辦機構負責人和與會兩岸三地學者合影，前排左二為筆者

2021 年 3 月，仁善福來社 [13] 與香港鐘聲慈善社負責人及工作人員合影（前排右起：鐘聲慈善社社長葉榮基、仁善福來社創辦人兼社長陳守仁、執行副社長李和協、副社長鄭亞鵬）

2023 年 2 月，筆者代表仁善福來慈善總社與香港教育大學校長張仁良教授簽署捐款協議，支持香港教育大學與泉州師範學院開展校際交流項目

13　因應新冠疫情，陳守仁博士與林廣兆、陳亨利等發起成立仁善福來慈善總社（仁善福來社），提供社區服務，並與其任總監的香港鐘聲慈善社商討合作計劃。